は　じ　め　に

　技能検定は、労働者の有する技能を一定の基準によって検定し、これを公証する国家検定制度であり、技能に対する社会一般の評価を高め、働く人々の技能と地位の向上を図ることを目的として、職業能力開発促進法に基づいて 1959 年（昭和 34 年）から実施されています。

　当研究会では、1975 年（昭和 50 年）から技能検定試験受検者の学習に資するため、過去に出題された学科試験問題（1・2 級）に解説を付して、「学科試験問題解説集」を発行しております。

　このたびさらに、平成 29・30・31 年度に出題された学科試験問題、ならびに平成 31 年度の実技試験問題（計画立案等作業試験は平成 29・30・31 年度を収録）を「技能検定試験問題集（正解表付き）」として発行することになりました。

　本問題集が 1 級・2 級の技能士を目指して技能検定試験を受検される多くの方々にご利用いただき、大きな成果が上がることを祈念いたします。

令和 2 年 6 月

一般社団法人 雇用問題研究会

JN007315

目　　次

技 能 検 定 の 概 要

1　技能検定試験の等級区分

技能検定試験は合格に必要な技能の程度を等級ごとに次のとおりに区分しています。

特　　　級：検定職種ごとの管理者又は監督者が通常有すべき技能及びこれに関する知識の程度

1　　　級：検定職種ごとの上級の技能労働者が通常有すべき技能及びこれに関する知識の程度

2　　　級：検定職種ごとの中級の技能労働者が通常有すべき技能及びこれに関する知識の程度

3　　　級：検定職種ごとの初級の技能労働者が通常有すべき技能及びこれに関する知識の程度

単一等級：検定職種ごとの上級の技能労働者が通常有すべき技能及びこれに関する知識の程度

※これらの他に外国人実習生等を対象とした基礎級があります。

2　検定試験の基準

技能検定は、実技試験及び学科試験によって行われています。

実技試験は、実際に作業などを行わせて、その技量の程度を検定する試験であり、学科試験は、技能の裏付けとなる知識について行う試験です。

実技試験及び学科試験は、検定職種の等級ごとに、それぞれの試験科目及びその範囲が職業能力開発促進法施行規則により、また、その具体的な細目が厚生労働省職業能力開発局長通達により定められています。

(1)　実技試験

実技試験は、実際に作業（物の製作、組立て、調整など）を行わせて試験する、製作等作業試験が中心となっており、検定職種の大部分のものについては、その課題が試験日に先立って公表されています。

試験時間は、1級、2級及び単一等級については原則として5時間以内、3級については3時間以内が標準となっています。

また、検定職種によっては、製作等作業試験の他、実際的な能力を試験するため、次のような判断等試験又は計画立案等作業試験が併用されることがあります。

① 判断等試験

判断等試験は、製作等作業試験のみでは技能評価が困難な場合又は検定職種の性格や試験実施技術等の事情により製作等作業試験の実施が困難な場合に用いられるもので、例えば技能者として体得していなければならない基本的な技能について、原材料、模型、写真などを受検者に提示し、判別、判断などを行わせ、その技能を評価する試験です。

② 計画立案等作業試験

製作等作業試験、判断等試験の一方又は双方でも技能評価が不足する場合に用いられるもので、現場における実際的、応用的な課題を、表、グラフ、文章などにより設問したものを受検者に提示し、計算、計画立案、予測などを行わせることにより技能の程度を評価する試験です。

(2) 学科試験

学科試験は、単に学問的な知識を試験するものではなく、作業の遂行に必要な正しい判断力及び知識の有無を判定することに主眼がおかれています。また、それぞれの等級における試験の概要は次表のとおりです。

この中で、真偽法は一つの問題文の正誤を回答する形式であり、五肢択一法及び四肢択一法は一つの問題文について複数の選択肢の中から一つを選択して回答する形式です。

■学科試験の概要

等級区分	試験の形式	問題数	試験時間
特　　級	五肢択一法	50 題	2 時間
1　　級	真偽法及び四肢択一法	50 題	1 時間 40 分
2　　級	真偽法及び四肢択一法	50 題	1 時間 40 分
3　　級	真偽法	30 題	1 時間
単一等級	真偽法及び四肢択一法	50 題	1 時間 40 分

3　技能検定の受検資格

技能検定を受検するには、原則として検定職種に関する実務の経験が必要で、その年数は職業訓練歴、学歴等により異なっています（別表1参照）。

この実務の経験の範囲には、現場での作業のみならず管理、監督、訓練、教育及び研究の業務や訓練又は教育を受けた期間が含まれます。

4 試験の実施日程

技能検定試験は職種ごとに前期、後期に分かれていますが、日程の概要は次のとおりです。

項	前　　期	後　　期
受付期間	4月上旬～中旬	10月上旬～中旬
実技試験	6月上旬～9月上旬	12月上旬～翌年2月中旬
学科試験	8月下旬～9月上旬の日曜日 3級は7月中旬～下旬の日曜日	翌年1月下旬～2月上旬の日曜日
合格発表	10月上旬、3級は8月下旬	翌年3月中旬

※日程の詳細については都道府県職業能力開発協会（連絡先等は別表2参照）にお問い合わせ下さい。

5 技能検定の実施体制

技能検定は厚生労働大臣が定めた、実施計画に基づいて行うものですが、その実施業務は、厚生労働大臣、都道府県知事、中央職業能力開発協会、都道府県職業能力開発協会等の間で分担されており、受検の受付及び試験の実施については、都道府県職業能力開発協会が行っています。

6 技能検定試験受検手数料

技能検定試験の受検手数料は「実技試験：18,200円」及び「学科試験：3,100円」を標準額として、職種ごとに各都道府県で決定しています（令和2年4月1日現在、都道府県知事が実施する111職種）。

なお、35歳未満の方は、2級又は3級の実技試験の受検手数料が最大9,000円減額されます。詳しくは都道府県職業能力開発協会にお問い合わせ下さい。

7 技能検定の合格者

技能検定の合格者には、厚生労働大臣名（特級、1級、単一等級）又は都道府県知事名等（2級、3級）の合格証明が交付され、技能士と称することができます。

別表1

技能検定の受検に必要な実務経験年数一覧
（都道府県知事が実施する検定職種）

（単位：年）

受 検 対 象 者 （※1）	特級 1級合格後	1級	1級 2級合格後	1級 3級合格後	2級	2級 3級合格後	3級 （※7）	基礎級 （※7）	単一等級
実務経験のみ	5	7	2	4	2	0	0 ※8	0 ※8	3
専門高校卒業 ※2／専修学校（大学入学資格付与課程に限る）卒業		6			0		0	0	1
短大・高専・高校専攻科卒業 ※2／専門職大学前期課程修了／専修学校（大学編入資格付与課程に限る）卒業		5			0		0	0	0
大学卒業（専門職大学前期課程修了者を除く） ※2／専修学校（大学院入学資格付与課程に限る）卒業		4			0		0	0	0
専修学校 ※3 又は各種学校卒業（厚生労働大臣が指定したものに限る。）　800時間以上		6			0		0 ※9	0 ※9	1
〃　1600時間以上		5			0		0 ※9	0 ※9	1
〃　3200時間以上		4			0		0 ※9	0 ※9	0
短期課程の普通職業訓練修了 ※4 ※10　700時間以上		6			0		0 ※6	0 ※6	1
普通課程の普通職業訓練修了 ※4 ※10　2800時間未満		5			0		0	0	0
〃　2800時間以上		4			0		0	0	0
専門課程又は特定専門課程の高度職業訓練修了 ※4 ※10		3	1	2	0				
応用課程又は特定応用課程の高度職業訓練修了 ※10		1			0				
長期課程又は短期養成課程の指導員訓練修了 ※10		1 ※5			0 ※5				
職業訓練指導員免許取得		1							
長期養成課程の指導員訓練修了 ※10		0			0				

※1：検定職種に関する学科、訓練科又は免許職種に限る。

※2：学校教育法による大学、短期大学又は高等学校と同等以上と認められる外国の学校又は他法令学校を卒業した者並びに独立行政法人大学改革支援・学位授与機構により学士の学位を授与された者は学校教育法に基づくそれぞれのものに準ずる。

※3：大学入学資格付与課程、大学編入資格付与課程及び大学院入学資格付与課程の専修学校を除く。

※4：職業訓練法の一部を改正する法律（昭和53年法律第40号）の施行前に、改正前の職業訓練法に基づく高等訓練課程又は特別高等訓練課程の養成訓練を修了した者は、それぞれ改正後の職業能力開発促進法に基づく普通課程の普通職業訓練又は専門課程の高度職業訓練を修了したものとみなす。また、職業能力開発促進法の一部を改正する法律（平成4年法律第67号）の施行前に、改正前の職業能力開発促進法に基づく専門課程の養成訓練を修了した者は、専門課程の高度職業訓練を修了したものとみなし、改正前の職業能力開発促進法に基づく普通課程の養成訓練又は職業転換課程の能力再開発訓練（いずれも800時間以上のものに限る。）を修了した者はそれぞれ改正後の職業能力開発促進法に基づく普通課程又は短期課程の普通職業訓練を修了したものとみなす。

※5：短期養成課程の指導員訓練のうち、実務経験者訓練技法習得コースの修了者については、訓練修了後に行われる能力審査（職業訓練指導員試験に合格した者と同等以上の能力を有すると職業能力開発総合大学校の長が認める審査）に合格しているものに限る。

※6：総訓練時間が700時間未満のものを含む。

※7：3級及び基礎級の技能検定については、上記のほか、検定職種に関する学科に在学する者及び検定職種に関する訓練科において訓練を受けている者も受検できる。また、3級の技能検定については工業高等学校に在学する者等であって、かつ、工業高等学校の教員等による検定職種に係る講習を受講し、当該講習の責任者から技能検定試験受検に際して安全衛生上の問題等がないと判定されたものも受検できる。

※8：検定職種に関し実務の経験を有する者について、受検資格を認めることとする。

※9：当該学校が厚生労働大臣の指定を受けたものであるか否かに関わらず、受検資格を付与する。

※10：職業能力開発促進法第92条に規定する職業訓練又は指導員訓練に準ずる訓練の修了者においても、修了した職業訓練又は指導員訓練の訓練課程に応じ、受検資格を付与する。

別表2 **都道府県及び中央職業能力開発協会所在地一覧**

協 会 名	郵便番号	所 在 地	電話番号
北海道職業能力開発協会	003-0005	札幌市白石区東札幌5条1-1-2　北海道立職業能力開発支援センター内	011-825-2386
青森県職業能力開発協会	030-0122	青森市大字野尻字今田43-1　青森県立青森高等技術専門校内	017-738-5561
岩手県職業能力開発協会	028-3615	紫波郡矢巾町大字南矢幅10-3-1　岩手県立産業技術短期大学校内	019-613-4620
宮城県職業能力開発協会	981-0916	仙台市青葉区青葉町16-1	022-271-9917
秋田県職業能力開発協会	010-1601	秋田市向浜1-2-1　秋田県職業訓練センター内	018-862-3510
山形県職業能力開発協会	990-2473	山形市松栄2-2-1	023-644-8562
福島県職業能力開発協会	960-8043	福島市中町8-2　福島県自治会館5階	024-525-8681
茨城県職業能力開発協会	310-0005	水戸市水府町864-4　茨城県職業人材育成センター内	029-221-8647
栃木県職業能力開発協会	320-0032	宇都宮市昭和1-3-10　栃木県庁舎西別館	028-643-7002
群馬県職業能力開発協会	372-0801	伊勢崎市宮子町1211-1	0270-23-7761
埼玉県職業能力開発協会	330-0074	さいたま市浦和区北浦和5-6-5　埼玉県浦和合同庁舎5階	048-829-2802
千葉県職業能力開発協会	261-0026	千葉市美浜区幕張西4-1-10	043-296-1150
東京都職業能力開発協会	102-8113	千代田区飯田橋3-10-3　東京しごとセンター7階	03-5211-2353
神奈川県職業能力開発協会	231-0026	横浜市中区寿町1-4　かながわ労働プラザ6階	045-633-5419
新潟県職業能力開発協会	950-0965	新潟市中央区新光町15-2　新潟県公社総合ビル4階	025-283-2155
富山県職業能力開発協会	930-0094	富山市安住町7-18　安住町第一生命ビル2階	076-432-9887
石川県職業能力開発協会	920-0862	金沢市芳斉1-15-15　石川県職業能力開発プラザ3階	076-262-9020
福井県職業能力開発協会	910-0003	福井市松本3-16-10　福井県職員会館ビル4階	0776-27-6360
山梨県職業能力開発協会	400-0055	甲府市大津町2130-2	055-243-4916
長野県職業能力開発協会	380-0836	長野市大字南長野県町688-2　長野県婦人会館3階	026-234-9050
岐阜県職業能力開発協会	509-0109	各務原市テクノプラザ1-18　岐阜県人材開発支援センター内	058-260-8686
静岡県職業能力開発協会	424-0881	静岡市清水区楠160	054-345-9377
愛知県職業能力開発協会	451-0035	名古屋市西区浅間2-3-14　愛知県職業訓練会館内	052-524-2034
三重県職業能力開発協会	514-0004	津市栄町1-954　三重県栄町庁舎4階	059-228-2732
滋賀県職業能力開発協会	520-0865	大津市南郷5-2-14	077-533-0850
京都府職業能力開発協会	612-8416	京都市伏見区竹田流池町121-3　京都府立京都高等技術専門校内	075-642-5075
大阪府職業能力開発協会	550-0011	大阪市西区阿波座2-1-1　大阪本町西第一ビルディング6階	06-6534-7510
兵庫県職業能力開発協会	650-0011	神戸市中央区下山手通6-3-30　兵庫勤労福祉センター1階	078-371-2091
奈良県職業能力開発協会	630-8213	奈良市登大路町38-1　奈良県中小企業会館2階	0742-24-4127
和歌山県職業能力開発協会	640-8272	和歌山市砂山南3-3-38　和歌山技能センター内	073-425-4555
鳥取県職業能力開発協会	680-0845	鳥取市富安2-159　久本ビル5階	0857-22-3494
島根県職業能力開発協会	690-0048	松江市西嫁島1-4-5　SPビル2階	0852-23-1755
岡山県職業能力開発協会	700-0824	岡山市北区内山下2-3-10　アマノビル3階	086-225-1547
広島県職業能力開発協会	730-0052	広島市中区千田町3-7-47　広島県情報プラザ5階	082-245-4020
山口県職業能力開発協会	753-0051	山口市旭通り2-9-19　山口建設ビル3階	083-922-8646
徳島県職業能力開発協会	770-8006	徳島市新浜町1-1-7	088-663-2316
香川県職業能力開発協会	761-8031	高松市郷東町587-1　地域職業訓練センター内	087-882-2854
愛媛県職業能力開発協会	791-1101	松山市久米窪田町487-2　愛媛県産業技術研究所　管理棟2階	089-993-7301
高知県職業能力開発協会	781-5101	高知市布師田3992-4	088-846-2300
福岡県職業能力開発協会	813-0044	福岡市東区千早5-3-1　福岡人材開発センター2階	092-671-1238
佐賀県職業能力開発協会	840-0814	佐賀市成章町1-15	0952-24-6408
長崎県職業能力開発協会	851-2127	西彼杵郡長与町高田郷547-21	095-894-9971
熊本県職業能力開発協会	861-2202	上益城郡益城町田原2081-10　電子応用機械技術研究所内	096-285-5818
大分県職業能力開発協会	870-1141	大分市大字下宗方字古川1035-1　大分職業訓練センター内	097-542-3651
宮崎県職業能力開発協会	889-2155	宮崎市学園木花台西2-4-3	0985-58-1570
鹿児島県職業能力開発協会	892-0836	鹿児島市錦江町9-14	099-226-3240
沖縄県職業能力開発協会	900-0036	那覇市西3-14-1	098-862-4278
中央職業能力開発協会	160-8327	新宿区西新宿7-5-25　西新宿プライムスクエア11階	03-6758-2859

プラスチック成形

実技試験問題

平成 31 年度　技能検定

2 級　プラスチック成形(射出成形作業)

実技試験問題

　次の注意事項に従い、与えられた金型を成形機に取り付け、2 種類の成形材料を用い、別図に示す製品を正しい作業手順にて成形し、<u>成形材料ごとにそれぞれ良品と思うものを 20 個ずつ提出しなさい。</u>

　さらに成形したポリスチレン製品の 1 個を抜取り、別に示す指定箇所の寸法を測定し、実技試験解答用紙「成形品の寸法測定票」に測定値を記入しなさい。

1　試験時間

標準時間　　　　2 時間 30 分

打切り時間　　　3 時間

2　注意事項

(1)　2 種類の成形材料は、次の X 組及び Y 組とする。

　　なお、使用する量については各組の重量の配分を考えて準備すること。

組	成形材料	選定基準
X組	ポリスチレン	射出成形用指定グレード　5≦MFR≦10　　g/10min
Y組	ABS樹脂	射出成形用指定グレード　10≦MFR≦25　　g/10min

　　注)　X組はすべて自然色(透明)、Y組はすべて自然色(乳白色)とし、再生材料を除く。

(2)　成形材料の使用量は、X 組及び Y 組の合計で 9.0kg 以内とし、これを超えて使用しないこと。

　イ　試験開始前に、各組ごとの使用量を技能検定委員に申告し、計量してもらうこと。

　ロ　試験開始後は、X 組 Y 組の使用量の変更はできない。

(3)　使用工具等は、使用工具等一覧表で指定したもの以外のものは使用しないこと。また、製品をノギスで測定する場合は、製品を作業台等の上に置き、ノギスを両手で扱うこと。

(4)　作業時の服装等は、作業に適したものであること。

(5)　<u>この問題には、事前に書込みをしないこと。また、試験中には、他の用紙にメモをしたものや参考書等を参照することは禁止とする。</u>

(6)　成形機又は金型に異常を発見したときは、技能検定委員に申し出ること。

(7)　離型不能の場合は、技能検定委員に申し出て、技能検定委員立会いのもと指示を受けること。

(8)　成形機、金型及びその他重要な器材の取扱いには、特に注意をすること。

(9)　金型の取付け・取外しは、有資格者である作業補助者の補助を得て行う場合があり、その内容等は、試験当日に技能検定委員から説明があること。なお、作業補助者の補助は、成形機に取り付ける前までの金型の移動、成形機から取り外した後の金型の移動とし、補助を受ける際は、作業補助者に申し出ること。

(10)　各製品のゲート仕上げをしないこと。

(11)　標準時間を超えて作業を行った場合は、超過時間に応じて減点されること。

(12)　X組及びY組の成形条件出しに際し、フル充てんさせない範囲内で、充てん量を徐々に増やしたショートショットの成形品を最低5ショット成形後(成形順に作業台にならべる)、良品をX組及びY組をそれぞれ20個成形して提出する。

(13)　成形終了後、加熱筒内の試験用材料をパージし、PE材に交換後充填度70%程度のPE成形品サンプルを2個提出して、その終了を技能検定委員に報告し、確認を受けること。

(14)　成形した成形品の1つを抜取り、寸法測定を行い、試験当日配付される実技試験解答用紙「成形品の寸法測定票」に測定値を記入し、提出すること。

　　　なお、成形品の寸法測定については、以下を参照すること。

　参　考

　成形品の寸法測定

　　　ポリスチレン成形品の製品スプルー側の短辺及び長辺の寸法をノギスで測定し、解答用紙「成形品の寸法測定票」に記入する。

　　　ただし、解答用紙への記入は、1/100mm単位で行うこと。

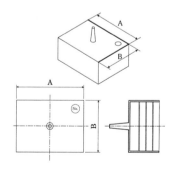

(15)　製品を各成形材料ごとに区分して、金型を清掃し、金型を取り外して指定の位置に下ろした後、作業終了の申告を行う。

　　　＊この申告を受けて、受検者の試験時間が終了したものとする。

(16)　試験時間には、良品の選別時間、成形品の寸法測定及び解答用紙への記入時間を含むものとする。

(17) 作業終了の申告を行った後、成形機、工具類、測定具等の手入れを行い作業した場所及びその周辺の清掃を行うこと。

(18) 試験中は、携帯電話(電卓機能の使用を含む)等の使用は禁止とする。

(19) 試験中に体調不良となった場合は、その旨を速やかに技能検定委員に申し出ること。

(20) 機器操作、工具・材料の取扱い等について、そのまま継続すると機器・設備等の破損や怪我を招くおそれがある危険な行為であると技能検定委員が判断した場合、試験中にその旨を注意することがある。

さらに、当該注意を受けてもなお、危険な行為を続けた場合は、試験を中断し、技能検定委員全員が試験継続不可と判断した場合は、失格とする。ただし、緊急性を伴うと判断された場合は、注意を挟まず、即中止(失格)とすることがある。

また、上記以外も失格となる場合がある。

3 製品の形状及び寸法

製品形状図及び金型寸法図(P6)のとおり* ＊本書では P.17

2級　プラスチック成形(射出成形作業)実技試験使用工具等一覧表

1　受検者が準備するもの

区　分	品　名	仕様又は規格	数量	備考
材　料	成形材料	2 注意事項(1)参照 なお、P7 の表から必ず選択すること。* ※使用量は、2種類の合計で9.0kg 以内	9.0kg	
その他	手　袋	作業に適したもの	適宜	
	作　業　衣	作業に適したもの	適宜	
	作業帽子	作業に適したもの	適宜	ヘルメット 等も可
	作　業　靴	安全靴	適宜	
	筆記用具	鉛筆(シャープペン)、消しゴム	適宜	
	飲料		適宜	熱中症対策、 水分補給用

(注)「飲料」については、受検者が各自で試験当日の天候等を考慮の上、熱中症対策、水分補給用
として、適宜、持参すること。

2　試験場に準備されているもの

(数量は、特にことわりがない場合は、受検者1名当たりの数量とする。

区　分	品　名	仕様又は規格	数量	備　考
設備類	射出成形機	インラインスクリュー式及びスクリュープリプラ方式 理論射出量：80～150cm³ 射出圧力：98MPa (1000kgf/cm²)以上 型締力：1078kN (110tf)以下 試験用金型を取り付けて成形できる型締装置をもっているもの	1	型締ストローク 　　　120mm 以上 デーライト 　　　390mm 以上 最小金型厚さ 　　　270mm 以下 最大金型厚さ (トグル式型締装置) 　　　270mm 以上
	ノズル	標準ノズル (穴径φ3.0)	1	
	金型	1 個取り	1	
	金型温度調節機		1	型温調整用
	乾燥機	熱風式	1	
	エアコンプレッサ	空気圧　0.7MPa (7.14kgf/cm²)	1	
	チェーンブロック	試験実施に適するもの	1	クレーン等も可
	作業台		1	椅子も使用可
	万力	75～100mm	1	
	グラインダ		1	
	台ばかり	10kg	1	
	上皿天びん	200g、分銅付き	1	電子ばかりも可
	表面温度計	サーミスタ式、0～300℃	1組	

＊本書ではP.18

区　分	品　名	仕様又は規格	数量	備　考
設備類	ノギス	M形（電子式デジタル表示）、最大測定長 150mm、最小読取り値 0.01mm	1	M形(バーニヤ式)は不可
	ガスバーナ		1	ブンゼンバーナでもよい
	鋼製巻尺	2m	1	
その他	小型スコップ等		1	材料の取扱い用
	ノズル用スパナ		1	
	六角スパナ		1組	
	プライヤ		1	
	ニッパ		1	
	モンキレンチ		1	
	スコヤ	100〜200mm	1	
	ナイフ		適宜	
	ハンマ		適宜	木製、プラスチック製、銅製等を含む
	ドライバ		適宜	
	はけ		1	金型清掃用
	へら	黄銅板	1	受検者持参でもよい
	棒	黄銅又は銅棒	1	先のとがったもの
	油といし		適宜	金型みがき用
	青こ(酸化クロム)、青棒		適宜	金型みがき用
材料類	離型剤(スプレー式)		適宜	
	パージ用材料	ポリエチレン(高密度)5≦MFR≦13　g/10min	適宜	
	防錆剤		適宜	
	白灯油		適宜	金型清掃用、脱脂剤を含む。
その他	リンネル布		適宜	金型清掃用
	ウエス		適宜	
	手袋		適宜	
	フェルトペン	黒及び赤(油性)	適宜	
	鉛筆		適宜	
	メモ用紙		適宜	

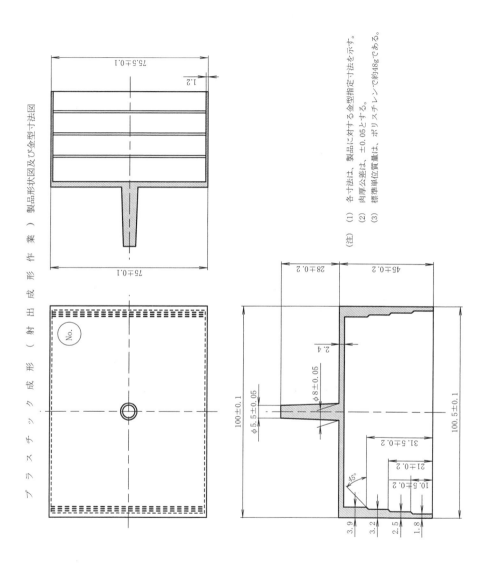

プラスチック成形（射出成形作業） 製品形状図及び金型寸法図

〈注〉 (1) 各寸法は、製品に対する金型指定寸法を示す。

(2) 肉厚公差は、±0.05とする。

(3) 標準単位質量は、ポリスチレンで約48gである。

2級プラスチック成形(射出成形作業)指定材料一覧表

X組　ポリスチレン（射出成形用指定グレード）

メーカー名	商品名	指定グレード
PS ジャパン㈱	PSJ ポリスチレン	HF77-306
DIC㈱	ディックスチレン	CR3500
東洋スチレン㈱	トーヨースチロール	G200C　・　G210C

Y組　ABS 樹脂（射出成形用指定グレード）

メーカー名	商品名	指定グレード
旭化成㈱	スタイラック ABS	121　・　220
ダイセルポリマー㈱	セビアン－V	320SF　・　500SF
テクノ UMG㈱	テクノ ABS®	130
	UMG ABS®	EX18A
デンカ㈱	デンカ ABS	GR-1000　・　GR-2000
東レ㈱	トヨラック	100　・　700
日本エイアンドエル㈱	クララスチック	MVF-1K

(注) 1)メーカー名等については、変更される場合がある。

　　2)X 組はすべて自然色(透明)、Y 組はすべて自然色(乳白色)とし、再生材料を除く。

平成 31 年度　技能検定

1 級　プラスチック成形(射出成形作業)

実技試験問題

　次の注意事項に従い、与えられた金型を成形機に取り付け、2 種類の成形材料を用い、別図に示す製品を正しい作業手順にて成形し、成形材料ごとにそれぞれ良品と思うものを 40 個ずつ提出しなさい。

　さらに、各成形材料ごとに、それぞれ製品 1 個を抜取り、実技試験解答用紙「成形収縮率計算票」に示す指定箇所の寸法を測定し、成形収縮率を計算しなさい。また、実技試験解答用紙「材料歩留り率計算票」を作成しなさい。

1　試験時間

標準時間	3 時間 10 分
打切り時間	3 時間 40 分

2　注意事項

(1)　2 種類の成形材料は、次の X 組及び Y 組とする。

　　なお、使用する量については、各組の重量の配分を考えて準備すること。

組	成形材料	選定基準
X 組	ポリスチレン	射出成形用指定グレード　5≦MFR≦10　g/10min
Y 組	ポリカーボネート	射出成形用指定グレード　5≦MFR≦20　g/10min

注)X 組、Y 組はすべて自然色(透明)とし、再生材料を除く。

なお、Y 組はブルーイング品及び離型剤添加品は可とする。

(2)　成形材料の使用量は、X 組及び Y 組の合計で 11.0kg 以内とし、これを超えて使用しないこと。

　　イ　試験開始前に、各組ごとの使用量を技能検定委員に申告し、計量してもらうこと。

　　ロ　試験開始後は、X 組 Y 組の使用量の変更はできない。

(3)　使用工具等は、使用工具等一覧表で指定したもの以外のものは使用しないこと。また、製品をノギスで測定する場合は、製品を作業台等の上に置き、ノギスを両手で扱うこと。

(4)　作業時の服装等は、作業に適したものであること。

(5)　**この問題には、事前に書込みをしないこと。また、試験中には、他の用紙にメモをしたものや参考書等を参照することは禁止とする。**

(6)　成形機又は金型に異常を発見したときは、技能検定委員に申し出ること。

(7)　離型不能の場合は、技能検定委員に申し出て、技能検定委員立会いのもと指示を受けること。

(8)　成形機、金型及びその他重要な器材の取扱いには、特に注意をすること。

(9)　金型の取付け・取外しは、有資格者である作業補助者の補助を得て行う場合があり、その内容等は、試験当日に技能検定委員から説明があること。なお、作業補助者の補助は、成形機に取り付ける前までの金型の移動、成形機から取り外した後の金型の移動とし、補助を受ける際は、作業補助者に申し出ること。

(10)　各製品のゲート仕上げをしないこと。

(11)　標準時間を超えて作業を行った場合は、超過時間に応じて減点されること。

(12)　X組及びY組の成形条件出しに際し、フル充てんさせない範囲内で、充てん量を徐々に増やしたショートショットの成形品を最低5ショット成形後(成形順に作業台にならべる)、良品をX組及びY組をそれぞれ40個成形して提出する。

(13)　成形終了後、加熱筒内の試験用材料をパージし、PE材に交換後充填度70%程度のPE成形品サンプルを2個提出して、その終了を技能検定委員に報告し、確認を受けること。

(14)　製品を成形材料ごとに区分して、試験当日配付される実技試験解答用紙(「成形収縮率計算票」及び「材料歩留り率計算票」)を記入後、技能検定委員に提出すること。

　　　＊試験時間には、パージ終了の確認、成形収縮率計算票及び材料歩留り率計算票の作成時間並びに良品の選別時間を含むものとする。

参　考
　イ　成形収縮率計算票
　　　製品スプルー側の短辺及び長辺の寸法を測定し、成形収縮率を計算する。

	短　辺		長　辺	
金型呼称寸法	75.00mm		100.00mm	
成形材料名	X	Y	X	Y
実測寸法	mm	mm	mm	mm
差	mm	mm	mm	mm
成形収縮率	$\dfrac{}{1000}$	$\dfrac{}{1000}$	$\dfrac{}{1000}$	$\dfrac{}{1000}$

(注)1　実測寸法及び差は、1/100mm単位で記入すること。

　　 2　成形収縮率は、1/10000の位を四捨五入して

　　　　1/1000単位で記入すること。(記入例：3/1000)

　　 3　金型寸法は、金型呼称寸法を用いること。

　　 4　右図は、成形品の寸法測定箇所を示す。

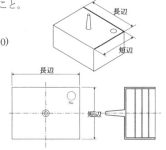

ロ　材料歩留り率計算票

成形材料名	(X)	(Y)
持参量　　　(kg)	kg	kg
残　量　　　(kg)	kg	kg
使用量　　　(kg)	kg	kg
(A)実測単位質量　(g)	g	g
(B)良品数　　(個)	個	個
(C)=(A)×(B)(kg)	kg	kg
歩留り率　　(%)	%	%

(注) 1　持参量(kg)、残量(kg)及び使用量(kg)は、小数点以下第1位まで記入する。

　　　　　（小数点以下第1位が0の場合は、0の記入を省略可とする。）

　　　2　(A)実測単位質量(g)は、小数点以下を切り捨てて記入すること。

　　　3　(C)の記入欄には(C)の数値のみを記入して、(A)×(B)の計算式は記入しないこと。

　　　　　ただし、数値は、小数点以下第2位を四捨五入し小数点以下第1位まで記入すること。

　　　4　歩留り率は、小数点以下第3位まで算出して四捨五入し、百分率(%)で表わすこと。

　　　　　（例:計算値が0.453の場合、45%として記入）

(15)　金型を清掃し、金型を取り外して指定の位置に下ろした後、作業終了の申告を行う。

　　　＊この申告を受けて、受検者の試験時間が終了したものとする。

(16)　作業終了の申告を行った後、成形機、工具類、測定具等の手入れを行い、作業した場所及び
　　　その周辺の清掃を行うこと。

(17)　試験中は、携帯電話(電卓機能の使用を含む)等の使用は禁止とする。

(18)　試験中に体調不良となった場合は、その旨を速やかに技能検定委員に申し出ること。

(19)　機器操作、工具・材料の取扱い等について、そのまま継続すると機器・設備等の破損や怪我
　　　を招くおそれがある危険な行為であると技能検定委員が判断した場合、試験中にその旨を注
　　　意することがある。

　　　さらに、当該注意を受けてもなお、危険な行為を続けた場合は、試験を中断し、技能検定委
　　　員全員が試験継続不可と判断した場合は、失格とする。ただし、緊急性を伴うと判断された
　　　場合は、注意を挟まず、即中止(失格)とすることがある。

　　　また、上記以外も失格となる場合がある。

3　製品の形状及び寸法

　　　製品形状図及び金型寸法図(P6)のとおり＊

　＊本書ではP.24

1級　プラスチック成形(射出成形作業)実技試験使用工具等一覧表

1　受検者が準備するもの

区　分	品　名	仕様又は規格	数量	備考
材　料	成形材料	2 注意事項(1)参照 なお、P7 の表から必ず選択すること。* ※使用量は、2 種類の合計で 11.0kg 以内	11.0kg	
その他	手袋	作業に適したもの	適宜	
	作業衣	作業に適したもの	適宜	
	作業帽子	作業に適したもの	適宜	ヘルメット等も可
	作業靴	安全靴	適宜	
	筆記用具	鉛筆(シャープペン)、消しゴム	適宜	
	飲料		適宜	熱中症対策、水分補給用

(注)「飲料」については、受検者が各自で試験当日の天候等を考慮の上、熱中症対策、水分補給用として、適宜、持参すること。

2　試験場に準備されているもの

(数量は、特にことわりがない場合は、受検者 1 名当たりの数量とする。)

区　分	品　名	仕様又は規格	数量	備　考
設備類	射出成形機	インラインスクリュー式及びスクリュープリプラ方式 理論射出量：80〜150cm³ 射出圧力：98MPa 　　　　(1000kgf/cm²)以上 型締力：1078kN(110tf)以下 試験用金型を取り付けて成形できる型締装置をもっているもの	1	型締ストローク 　　　　120mm 以上 デーライト 　　　　390mm 以上 最小金型厚さ 　　　　270mm 以下 最大金型厚さ (トグル式型締装置) 　　　　270mm 以上
	ノズル	標準ノズル(穴径φ3.0)	1	
	金型	1 個取り	1	
	金型温度調節機		1	型温調整用
	乾燥機	熱風式	1	
	エアコンプレッサ	空気圧 0.7MPa (7.14kgf/cm²)	1	
	チェーンブロック	試験実施に適するもの	1	クレーン等も可
	作業台		1	椅子も使用可
	万力	75〜100mm	1	
	グラインダ		1	
	台ばかり	10kg	1	

＊本書では P.25

区 分	品 名	仕様又は規格	数量	備 考
設備類	上皿天びん	200g、分銅付き	1	電子ばかりも可
	表面温度計	サーミスタ式、0〜300℃	1組	
	ノギス	M形（電子式デジタル表示）、最大測定長 150mm、最小読取り値 0.01mm	1	M形(バーニヤ式)は不可
	ガスバーナ		1	ブンゼンバーナでもよい
	鋼製巻尺	2m	1	
	電子式卓上計算機	電池式(太陽電池式含む)	1	
工具類	小型スコップ等		1	材料の取扱い用
	ノズル用スパナ		1	
	六角スパナ		1組	
	プライヤ		1	
	ニッパ		1	
	モンキレンチ		1	
	スコヤ	100〜200mm	1	
	ナイフ		適宜	
	ハンマ		適宜	木製、プラスチック製、銅製等を含む
	ドライバ		適宜	
	はけ		1	金型清掃用
	へら	黄銅板	1	受検者持参でもよい
	棒	黄銅又は銅棒	1	先のとがったもの
	油といし		適宜	金型みがき用
	青こ(酸化クロム)、青棒		適宜	金型みがき用
材料類	離型剤(スプレー式)		適宜	
	パージ用材料	ポリエチレン(高密度) $5 \leqq MFR \leqq 13$ g/10min	適宜	
	防錆剤		適宜	
	白灯油		適宜	金型清掃用、脱脂剤を含む。
その他	リンネル布		適宜	金型清掃用
	ウエス		適宜	
	手袋		適宜	
	フェルトペン	黒及び赤(油性)	適宜	
	鉛筆		適宜	
	メモ用紙		適宜	

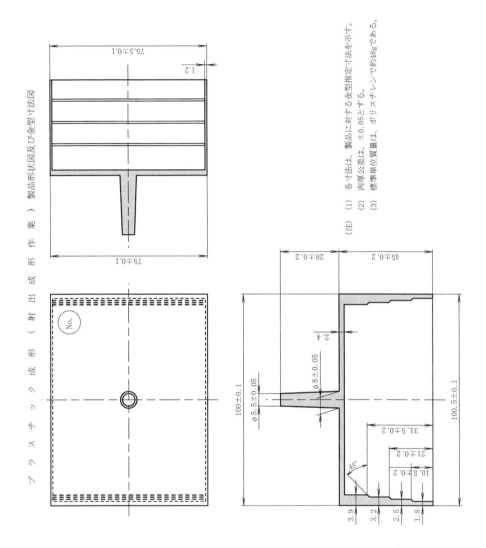

プラスチック成形 （ 射 出 成 形 作 業 ） 製品形状図及び金型寸法図

（注） (1) 各寸法は、製品に対する金型指定寸法を示す。
      (2) 肉厚公差は、±0.05とする。
      (3) 標準単位質量は、ポリスチレンで約48gである。

1級プラスチック成形(射出成形作業)指定材料一覧表

X組　ポリスチレン（射出成形用指定グレード）

メーカー名	商　品　名	指定グレード
PS ジャパン㈱	PSJ ポリスチレン	HF77-306
DIC㈱	ディックスチレン	CR3500
東洋スチレン㈱	トーヨースチロール	G200C　・　G210C

Y組　ポリカーボネート（射出成形用指定グレード）

メーカー名	商　品　名	指定グレード
出光興産㈱	タフロン　　　（一般用）	A1900
	タフロン　　（離型剤入り）	IR2200　・　IR1900
住化ポリカーボネート㈱	SD ポリカ　　（離型剤入り）	301-10　・　301-15
帝人㈱	パンライト　　（離型剤入り）	L-1225L
SABIC ジャパン合同会社	LEXAN™ 樹脂　　（一般用）	121　・　141
	LEXAN™ 樹脂　（離型剤入り）	124R　・　141R
三菱エンジニアリング　　　　プラスチックス㈱	ノバレックス（離型剤入り）	7022IR　・　7025IR
	ユーピロン　（離型剤入り）	S-2000R　・　S-3000R

(注) 1)メーカー名等については、変更される場合がある。

　　2)X組、Y組はすべて自然色(透明)とし、再生材料を除く。

　　なお、Y組はブルーイング品及び離型剤添加品は可とする。

平成31年度　技能検定

2級　プラスチック成形(インフレーション成形作業)

実技試験問題

　次の注意事項に従い、低密度ポリエチレン成形機又は高密度ポリエチレン成形機のいずれかを使い、受検者が選定した使用材料（P3の「3　使用材料、製品表」）を用いて製品表に示す3種類の製品を成形し、所定の長さをボビンに巻き取りなさい。[1]

　さらに、実技試験解答用紙(「成形寸法検査表」)を作成しなさい。

1　試験時間

　　　標準時間　　　　2時間15分
　　　打切り時間　　　2時間30分

2　注意事項

(1)　材料は、事前に受検者が銘柄（P4の「受検者が持参するもの」に示す）を選定し、未開封の正袋品として持参するものとする。[2]

(2)　材料の銘柄は、各樹脂メーカーの標準銘柄の中から指定されたものとし、特殊なものは使用しないこと。

(3)　3種類の製品の成形順序は、受検者が選定すること。

(4)　成形機又は制御盤等に異常を発見した時は、技能検定委員に申し出ること。

(5)　使用工具等は、使用工具等一覧表で指定したもの以外は使用しないこと。

(6)　作業時の服装等は、作業に適したものであること。

(7)　標準時間を超えて作業を行った場合は、超過時間に応じて減点される。

(8)　製品の成形・巻取りを終了してから成形機を停止し、試験当日配付される実技試験解答用紙(「成形寸法検査表」)の作成を終了し提出した時点で、技能検定委員に作業を終了した旨の報告をすること。

(9)　技能検定委員に作業を終了した旨の報告を行った後、製品に受検番号、氏名、寸法及び材料銘柄を記入したラベルをはり提出するとともに、使用した工具等を所定の位置に整理整頓をすること。

(10)　**この問題には、事前に書込みをしないこと。また、試験中には、あらかじめ、他の用紙にメモをしたものや参考書等を参照することは禁止とする。**

(11)　試験中は、携帯電話(電卓機能の使用を含む)等の使用は禁止とする。

＊1　本書ではP.28
＊2　本書ではP.29

参考

成形寸法検査表

1 下表は、成形を行った順に記入すること。

2 規格の製品記号、厚さ、折径、巻長さ及び提出巻数は、製品表のものを転記すること。

3 測定厚さは、チューブを幅方向に約8等分した8点で測定し、小数第四位を四捨五入し小数第三位まで記入すること。

4 平均厚さは、小数第四位を四捨五入し小数第三位まで記入すること。

5 温度条件は、製品を造り始めた時点で計器が示す実際の温度を記入するものとするが、機種によってシリンダ1、シリンダ2以外の温度を示すものがある場合は、それも記入すること。

	成形順序	製品記号	材料銘柄	厚さ	折径	巻長さ	提出巻数
規	1			mm	mm	m	巻
格	2			mm	mm	m	巻
	3			mm	mm	m	巻

	成形順序	1	2	3	4	5	6	7	8	平均厚さ
測	1	mm	mm	mm	mm	mm	mm	mm	mm	mm
定厚	2	mm	mm	mm	mm	mm	mm	mm	mm	mm
さ	3	mm	mm	mm	mm	mm	mm	mm	mm	mm

	成形順序	シリンダ1	シリンダ2			
温	1	℃	℃	℃	℃	℃
度条	2	℃	℃	℃	℃	℃
件	3	℃	℃	℃	℃	℃

3 使用材料、製品表

A 低密度ポリエチレン成形機を使用する場合

(1) 使用材料

材料は、密度が 0.918〜0.928 g/cm³ の低密度ポリエチレンで、MFR が 2〜4 g/10min の材料を使用すること。

(2) 製品表

製品記号	厚さ	許容差	平均厚さの許容差	折径	許容差	巻長さ	提出巻数
イ	0.020mm	±0.003mm	±0.001mm	350mm	±5mm	200m	1巻
ロ	0.030mm	±0.005mm	±0.002mm	480mm	±6mm	200m	1巻
ハ	0.040mm	±0.006mm	±0.003mm	550mm	±7mm	200m	1巻

B 高密度ポリエチレン成形機を使用する場合

(1) 使用材料

材料は、密度が 0.945〜0.960 g/cm³ の高密度ポリエチレンで、MFR が 0.1 g/10min 未満の材料を使用すること。

(2) 製品表

製品記号	厚さ	許容差	平均厚さの許容差	折径	許容差	巻長さ	提出巻数
イ	0.020mm	±0.004mm	±0.002mm	600mm	±7mm	200m	1巻
ロ	0.025mm	±0.005mm	±0.002mm	450mm	±7mm	200m	1巻
ハ	0.025mm	±0.005mm	±0.002mm	530mm	±7mm	200m	1巻

2級　プラスチック成形(インフレーション成形作業)　実技試験使用工具等一覧表

1　受検者が持参するもの

区分	品名	規格	数量	備考
使用材料	低密度ポリエチレン	MFR 2～4 g/10min 密度 0.918～0.928 g/cm³の1銘柄	50kg	受検者が選定した低密度ポリエチレン又は高密度ポリエチレンのどちらかを持参。 なお、P6の指定材料一覧表から必ず選択すること。*
	高密度ポリエチレン	MFR 0.1 g/10min 未満 密度 0.945～0.960 g/cm³の1銘柄	50kg	
その他	手　袋	成形作業に適したもの	適宜	
	作業衣	〃	適宜	
	作業靴	〃	適宜	

2　試験場に準備されているもの（数量欄の数字は受検者1名当たりの数量である）

区分	品　名	寸法又は規格	数量	備　考
設備類	インフレーション成形機	・押出機:φ50mm、 　駆動モータ 15kW 以上	1	
		・ダイ:LDPE 用 φ150mm、 　HDPE 用 φ75mm	1	
		・ブロアー:LDPE 用 2.2kW(3HP)以上 　HDPE 用 3.7kW(5HP)以上	1	インバーター制御方式又はダンパー制御方式
		・引取機:ロール幅 800mm 　高さ 3000～4000mm 　速度 8～80m/min	1	高さは記載の範囲で固定されている。
		・巻取機:2 軸ターレット、ボビン巻用	1	
		・制御盤:5 点制御	1	
	作業台		1	

＊本書では P.31

区分	品名	寸法又は規格	数量	備考
計器類	ダイヤルゲージ （ハンディタイプ及び卓上タイプ）	精度 0.001mm	各1	ハンディタイプと卓上タイプを用意している。どちらを使用してもよい。
	金属製直尺	1m	1	
	鋼製巻尺	2m	1	
	秤	最小目盛 10g、秤量 30kg	適宜	共用の場合もある
	秤	最小目盛 1g、秤量 2kg	適宜	共用の場合もある
工具類	標準工具	六角レンチ、スパナ	一式	
	附属工具	銅べら、ブラシ	一式	
	刃物	カッター、裁ちばさみ	一式	
その他	離型剤	シリコンオイル(スプレー式)	1	
	テープ類	粘着テープ	1	巻取り用 製品終端固定用
	筆記具	鉛筆、消しゴム、油性マーキングペン	適宜	
	メモ用紙		適宜	
	ラベル		適宜	
	ボビン	内径 3 インチの紙管又はプラスチック管	適宜	質量を記載したもの
	ウエス		適宜	
	電子式卓上計算機	電池式(太陽電池式含む)	1	(注)

(注)　試験中は、携帯電話(電卓機能の使用を含む)等の使用は禁止とする。

2級　プラスチック成形（インフレーション成形作業）指定材料一覧表

区分 会社名	低密度ポリエチレン （LDPE） グレード （密度 0.918〜0.928） MFR2.0〜4.0	高密度ポリエチレン （HDPE） グレード 密度(0.945〜0.960) MFR0.10未満
旭化成㈱	サンテック·LD F2225.4	サンテック·HD F184
宇部丸善ポリエチレン㈱	UBEポリエチレン F222A	—
京葉ポリエチレン㈱	—	KEIYO ポリエチ F3001
東ソー㈱	ペトロセン 183	ニポロンハード 7300A
住友化学㈱	スミカセン F200	—
日本ポリエチレン㈱	ノバテック LD LF448K1	ノバテック HD HF313
㈱NUC	—	—
㈱プライムポリマー	—	ハイゼックス 7000F

(注) 1　会社名等については、変更される場合がある。

　　 2　使用する材料(低密度ポリエチレンまたは高密度ポリエチレン)から、1 銘柄を選
　　　　択すること。

平成31年度 技能検定

1級 プラスチック成形(インフレーション成形作業)

実技試験問題

　次の注意事項に従い、低密度ポリエチレン成形機又は高密度ポリエチレン成形機のいずれかを使い、受検者が選定した使用材料（P4の「3　使用材料、製品表及び表面処理」）を適宜用いて製品表に示す3種類の製品を成形し、所定の長さをボビンに巻き取りなさい。[*1]

　さらに、実技試験解答用紙(「成形寸法検査表」及び「材料ロス率計算表」)を作成しなさい。

1　試験時間

標準時間	2時間30分
打切り時間	2時間45分

2　注意事項

(1) 材料は、事前に受検者が銘柄（P5の「受検者が持参するもの」に示す）を選定し、未開封の正袋品として持参するものとする。[*2]

(2) 材料の銘柄は、各樹脂メーカーの標準銘柄の中から指定されたものとし、特殊なものは使用しないこと。

(3) 3種類の製品の成形順序は、受検者が選定すること。

(4) 製品と材料の組合せは、P4の「3 使用材料、製品表及び表面処理」の指示に従い、行うこと。[*1]

(5) 成形機又は制御盤等に異常を発見した時は、技能検定委員に申し出ること。

(6) 使用工具等は、使用工具等一覧表で指定したもの以外は使用しないこと。

(7) 作業時の服装等は、作業に適したものであること。

(8) 標準時間を超えて作業を行った場合は、超過時間に応じて減点される。

(9) 製品の成形・巻取りを終了してから成形機を停止し、試験当日配付される実技試験解答用紙(「成形寸法検査表」と「材料ロス率計算表」)の作成を終了し提出した時点で、技能検定委員に作業を終了した旨の報告をすること。

(10) 技能検定委員に作業を終了した旨の報告を行った後、製品に受検番号、氏名、寸法及び材料銘柄を記入したラベルをはり提出するとともに、使用した工具等を所定の位置に整理整頓をすること。

(11) **この問題には、事前に書込みをしないこと。また、試験中には、あらかじめ、他の用紙にメモをしたものや参考書等を参照することは禁止とする。**

(12) 試験中は、携帯電話(電卓機能の使用を含む)等の使用は禁止とする。

*1　本書ではP.35
*2　本書ではP.36

参考

　成形寸法検査表

　　1　下表は、成形を行った順に記入すること。

　　2　規格の製品記号、厚さ、折径、巻長さ及び提出巻数は、製品表のものを転記すること。

　　3　測定厚さは、チューブを幅方向に約8等分した8点で測定し、小数第四位を四捨五入し小数
　　　第三位まで記入すること。

　　4　平均厚さは、小数第四位を四捨五入し小数第三位まで記入すること。

　　5　温度条件は、製品を造り始めた時点で計器が示す実際の温度を記入するものとするが、機種
　　　によってシリンダ1、シリンダ2以外の温度を示すものがある場合は、それも記入すること。

	成形順序	製品記号	材料銘柄	厚さ	折径	巻長さ	提出巻数
規格	1			mm	mm	m	巻
	2			mm	mm	m	巻
	3			mm	mm	m	巻

	成形順序	1	2	3	4	5	6	7	8	平均厚さ
測定厚さ	1	mm	mm	mm	mm	mm	mm	mm	mm	mm
	2	mm	mm	mm	mm	mm	mm	mm	mm	mm
	3	mm	mm	mm	mm	mm	mm	mm	mm	mm

	成形順序	シリンダ1	シリンダ2			
温度条件	1	℃	℃	℃	℃	℃
	2	℃	℃	℃	℃	℃
	3	℃	℃	℃	℃	℃

材料ロス率計算表

1 質量は、小数第一位まで記入すること。

2 ロス率は、小数第二位を四捨五入し小数第一位まで記入すること。

3 製品質量は、ボビンの質量を含まないものとすること。

4 低密度ポリエチレンについては、MFR0.8g/10min 以下の材料のロス率を記入すること。

材料銘柄	
材料質量	kg
残　　量	kg
使 用 量	kg
製品質量	kg
ロ ス 率	%

3　使用材料、製品表及び表面処理

A　低密度ポリエチレン成形機を使用する場合

(1)　使用材料

材料は、密度が 0.918〜0.928 g/cm³ の低密度ポリエチレンで、MFR 2〜4 及び 0.8 g/10min 以下の 2 種類の材料を使用すること。

(2)　製品表

製品記号	厚さ	許容差	平均厚さの許容差	折径	許容差	巻長さ	提出巻数
イ	0.020mm	±0.002mm	±0.001mm	350mm	+5mm 〜 0mm	200m	1巻
ロ	0.030mm	±0.003mm	±0.002mm	600mm	+7mm 〜 0mm	150m	1巻
ハ	0.050mm	±0.004mm	±0.003mm	470mm	+6mm 〜 0mm	100m	1巻

(3)　製品と材料の組合せ

製品記号イ及びロについては、MFR2〜4 g/10min の材料を使用すること。

製品記号ハについては、MFR0.8 g/10min 以下の材料を使用すること。

(4)　表面処理

製品記号がハの製品の片面には、幅 430mm、ぬれ張力 38〜44mN/m(38〜44dyn/cm) の表面処理を行うこと。

B　高密度ポリエチレン成形機を使用する場合

(1)　使用材料

材料は、密度が 0.945〜0.960 g/cm³ の高密度ポリエチレンで、MFR が 0.1 g/10min 未満の材料を使用すること。

(2)　製品表

製品記号	厚さ	許容差	平均厚さの許容差	折径	許容差	巻長さ	提出巻数
イ	0.020mm	±0.003mm	±0.001mm	600mm	±7mm	150m	1巻
ロ	0.015mm	±0.003mm	±0.001mm	450mm	±6mm	200m	1巻
ハ	0.025mm	±0.004mm	±0.001mm	530mm	±7mm	150m	1巻

(3)　表面処理

製品記号がロの製品の片面には、幅 410mm、ぬれ張力 38〜44mN/m(38〜44dyn/cm) の表面処理を行うこと。

1級　プラスチック成形(インフレーション成形作業)　実技試験使用工具等一覧表

1　受検者が持参するもの

区分	品　名	規　格	数量	備　考
使用材料	低密度ポリエチレン	MFR 2〜4 g/10min　密度 0.918〜0.928 g/cm³ の 1 銘柄	50kg	受検者が選定した低密度ポリエチレン又は高密度ポリエチレンのどちらかを持参。なお、P7 の指定材料一覧表から必ず選択すること。*
		MFR 0.8 g/10min 以下　密度 0.918〜0.928 g/cm³ の 1 銘柄	25kg	
	高密度ポリエチレン	MFR 0.1g/10min 未満 密度 0.945〜0.960 g/cm³ の 1 銘柄	75kg	
その他	手袋	成形作業に適したもの	適宜	
	作業衣	〃	適宜	
	作業靴	〃	適宜	

2　試験場に準備されているもの（数量欄の数字は受検者1名当たりの数量である）

区分	品　名	寸法又は規格	数量	備　考
設備類	インフレーション成形機	・押出機:φ50mm、 　駆動モータ 15kW 以上	1	
		・ダイ:LDPE 用 φ150mm、 　HDPE 用 φ75mm	1	
		・ブロアー:LDPE 用 2.2kW(3HP)以上 　HDPE 用 3.7kW(5HP)以上	1	インバーター制御方式又はダンパー制御方式
		・引取機:ロール幅 800mm 　高さ 3000〜4000mm 　速度 8〜80m/min	1	高さは記載の範囲で固定されている。
		・巻取機:2 軸ターレット、ボビン巻用	1	
		・制御盤:5 点制御	1	
	表面処理機	処理用電極:スライド式	1	
	作業台		1	

＊本書では P.38

区分	品名	寸法又は規格	数量	備考
計器類	ダイヤルゲージ（ハンディタイプ及び卓上タイプ）	精度 0.001mm	各1	ハンディタイプと卓上タイプを用意している。どちらを使用してもよい。
	金属製直尺	1m	1	
	鋼製巻尺	2m	1	
	秤	最小目盛 10g、秤量 30kg	適宜	共用の場合もある
	秤	最小目盛 1g、秤量 2kg	適宜	共用の場合もある
試薬類	ぬれ試験用標準液	38mN/m(38dyn/cm) 及び 45mN/m(45dyn/cm)	各1	綿棒を備える
工具類	標準工具	六角レンチ、スパナ	一式	
	附属工具	銅べら、ブラシ	一式	
	刃物	カッター、裁ちばさみ	一式	
その他	離型剤	シリコンオイル(スプレー式)	1	
	テープ類	粘着テープ	1	巻取り用 製品終端固定用
	筆記具	鉛筆、消しゴム、油性マーキングペン	適宜	
	メモ用紙		適宜	
	ラベル		適宜	
	ボビン	内径 3 インチの紙管又はプラスチック管	適宜	質量を記載したもの
	ウエス		適宜	
	電子式卓上計算機	電池式(太陽電池式含む)	1	(注)

(注)　試験中は、携帯電話(電卓機能の使用を含む)等の使用は禁止とする。

1級　プラスチック成形（インフレーション成形作業）指定材料一覧表

区分 会社名	低密度ポリエチレン （LDPE） グレード （密度 0.918〜0.928）		高密度ポリエチレン （HDPE） グレード 密度（0.945〜0.960）
	MFR2.0〜4.0	MFR0.8以下	MFR0.10未満
旭化成㈱	サンテック·LD F2225.4	サンテック·LD F2206	サンテック·HD F184
宇部丸善ポリエチレン㈱	UBEポリエチレン F222A	UBEポリエチレン F022A	－
京葉ポリエチレン㈱	－	－	KEIYO ポリエチ F3001
東ソー㈱	ペトロセン 183	ペトロセン 175	ニポロンハード 7300A
住友化学㈱	スミカセン F200	スミカセン CE1567	－
日本ポリエチレン㈱	ノバテック LD LF448K1	ノバテック LD LF240	ノバテック HD HF313
㈱NUC	－	NUC·8506	－
㈱プライムポリマー	－	－	ハイゼックス 7000F

(注) 1　会社名等については、変更される場合がある。
  2　低密度ポリエチレン(LDPE)を使用する場合は、MFR2.0〜4.0から1銘柄、
     MFR0.8以下から1銘柄、計2銘柄を選択すること。
  3　高密度ポリエチレン(HDPE)を使用する場合は、1銘柄を選択すること。

プラスチック成形

学科試験問題

平成31年度 技能検定
2級 プラスチック成形 学科試験問題
(射出成形作業)

1. 試験時間　1時間40分
2. 問題数　50題(A群25題、B群25題)
3. 注意事項
   (1)　係員の指示があるまで、この表紙はあけないでください。
   (2)　答案用紙(真偽法と多肢択一法の併用)に検定職種名、作業名、級別、受検番号、氏名を必ず記入してください。
   (3)　係員の指示に従って、問題数を確かめてください。それらに異常がある場合は、黙って手を挙げてください。問題はA群(真偽法)とB群(多肢択一法)とに分かれています。
   (4)　試験開始の合図で始めてください。
   (5)　解答の方法(真偽法と多肢択一法の併用)は次のとおりです。
   　　イ．A群の問題(真偽法)は、一つ一つの問題の内容が正しいか、誤っているかを判断して解答してください。
   　　ロ．B群の問題(多肢択一法)は、正解と思うものを一つだけ選んで、解答してください。二つ以上に解答した場合は誤答となります。
   　　ハ．答案用紙(マークシート用紙)へ解答する際は、答案用紙に記載されている注意事項に従ってください。
   　　ニ．答案用紙の解答欄は、A群の問題とB群の問題とでは異なります。所定の解答欄に、試験問題の題数に応じて解答してください。解答欄はA群は50題まで、B群は25題まで解答できるようになっています。
   (6)　電子式卓上計算機その他これと同等の機能を有するものは、使用してはいけません。
   (7)　携帯電話等は、使用してはいけません。
   (8)　試験中、質問があるときは、黙って手を挙げてください。ただし、試験問題の内容、漢字の読み方等に関する質問にはお答えできません。
   (9)　試験終了時刻前に解答ができあがった場合は、黙って手を挙げて、係員の指示に従ってください。
   (10)　試験中に手洗いに立ちたいときは、黙って手を挙げて、係員の指示に従ってください。
   (11)　試験終了の合図があったら、筆記用具を置き、係員の指示に従ってください。

[A群(真偽法)]

1 家庭用シャンプーのプラスチック容器は、一般に、ブロー成形で造られる。

2 熱硬化性樹脂成形品は、加熱しても溶融変形しない。

3 1200Wのヒータを5時間使用した場合の電力量は、60kWhである。

4 パレート図とは、項目別に層別して、出現度数の小さい順に棒グラフで示したもの
　をいう。

5 労働安全衛生関係法令によれば、対地電圧が150ボルトをこえる移動式電動機械器
　具については、漏電による感電の危険を防止するため、当該電動機械器具が接続さ
　れる電路に、当該電路の定格に適合し、感度が良好であり、かつ、確実に作動する
　感電防止用漏電しゃ断装置を接続しなければならない。

6 熱硬化性樹脂の射出成形では、加熱筒内にある樹脂の滞留時間を短くする必要があ
　る。

7 次の(1)～(3)の成形材料は、いずれも予備乾燥を必ず必要とする。
　　(1) PMMA　　　(2) ABS樹脂　　　(3) PP

8 黒色、緑色及び黄色に着色された同質の成形材料を使用して、同じ金型で成形する
　場合、効率的な色替えの順序は、黄色→緑色→黒色である。

9 真空蒸着とは、真空中でアルミニウムなどの金属を加熱蒸発させて加工物に付着さ
　せる方法をいう。

10 本尺が1mm目盛りで、その19目盛りを20等分したバーニヤ(副尺)の付いたノギスの
　最小読取値は、0.05mmである。

11 マスターバッチ法とは、粉末状の着色剤をペレットにあらかじめ混合して、使用す
　る着色方法のことである。

12 射出成形品の熱処理は、フローマークを消すために行う。

13 成形不良率は、次式で求められる。

$$不良率(\%) = \frac{不良品の総数}{良品の総数} \times 100$$

14 エア突出し装置は、一般に、コップやバケツのような深物製品の離型に使用され
　る。

15　油圧回路内に使われている圧力スイッチは、流体圧力が所定の値に達したとき、電気接点を開閉させるものである。

16　ヒータの単位時間当たりに発生する熱量は、電流値の二乗に比例する。

17　計量精度を向上させるため、可塑化工程のプログラム制御を用いて、スクリューの回転速度を計量完了前から下げていく方法がある。

18　スプルーロックピンには、スプルーを固定側から離型させる役割がある。

19　射出成形用金型部品のうち、次の(1)〜(3)は、いずれも日本工業規格(JIS)で定められている。
　　(1)　ガイドピン及びガイドブシュ
　　(2)　エジェクタピン
　　(3)　スプルーブシュ

20　金型のスライドコア部は、かじりが発生しやすいため、摺動部には、潤滑剤を適度に塗布しておいたほうがよい。

21　金属インサートは、成形品で包み込まれるので、油やさびが付着していても使用できる。

22　PPは、MEK(メチルエチルケトン)で溶剤接着できる。

23　荷重たわみ温度とは、試験片を一定荷重下において、一定速度で温度を上昇させたときに所定の変形量を示す温度をいう。

24　日本工業規格(JIS)によれば、直径を表す寸法補助記号「φ」の呼び方は、「まる又はふぁい」である。

25　容器包装リサイクル法とは、家庭から出る容器包装廃棄物等の分別収集及び再商品化を促進するための法律をいう。

［B群(多肢択一法)］

1 ボス裏にひけが出る原因として、適切なものはどれか。
　　イ　保圧時間が長い。
　　ロ　射出圧力が高い。
　　ハ　金型温度が低い。
　　ニ　樹脂温度が高い。

2 透明品における気泡(ボイド)の発生原因として、適切なものはどれか。
　　イ　シリンダ温度が低い。
　　ロ　射出速度が速い。
　　ハ　保圧が高い。
　　ニ　金型温度が高い。

3 成形材料における色替えの組合せのうち、最も行いやすいものはどれか。
　　イ　黒色PS　　→　　白色ABS樹脂
　　ロ　黒色PC　　→　　白色PS
　　ハ　黒色PA　　→　　白色PP
　　ニ　黒色PA　　→　　白色PC

4 金型のベント不良に起因する不良現象として、正しいものはどれか。
　　イ　クレージング
　　ロ　ショートショット
　　ハ　はく離
　　ニ　ジェッティング

5 成形品に発生する充てん不足(ショートショット)の対策として、誤っているものはどれか。
　　イ　樹脂温度を上げる。
　　ロ　金型温度を上げる。
　　ハ　射出圧力を上げる。
　　ニ　保圧への切換えを早くする。

6 次のうち、ゲート仕上げを必要としないものはどれか。
　　イ　サブマリンゲート
　　ロ　サイドゲート
　　ハ　ダイレクトゲート
　　ニ　ファンゲート

7 成形品の寸法測定に関する記述として、誤っているものはどれか。
　　イ　内径は、ブロックゲージで測定するとよい。
　　ロ　外径の測定には、ノギスやマイクロメータなどを使用するとよい。
　　ハ　高さ測定には、ハイトゲージを使用するとよい。
　　ニ　隙間やそりを測定するには、シックネスゲージを使用するとよい。

8 1個30cm³のABS樹脂(密度1.2g/cm³)成形品を5000個得るため、材料を200kg使用した場合の歩留り率として、正しいものはどれか。
　　イ　80.0%
　　ロ　85.0%
　　ハ　90.0%
　　ニ　95.0%

9 文中の(　　)内に当てはまる語句として、適切なものはどれか。
　　　型締め開始直後は、力の拡大率が小さいが速度は速く、ストロークの終わりに近づくにつれて力の拡大率は増加して速度が遅くなる機構を持つものを、(　　)型締装置という。
　　イ　トグル式
　　ロ　プランジャー式
　　ハ　直圧式
　　ニ　メカニカルロック式

10 スクリューに関する記述として、正しいものはどれか。
　　イ　スクリューは、ホッパ側から計量部、圧縮部、供給部の順になっている。
　　ロ　オーバーヒートによって熱劣化しやすい材料には、圧縮比の大きなスクリューが適している。
　　ハ　回転数が一定であれば、スクリュー径が大きくなるほど発熱量は小さくなる。
　　ニ　L／Dとは、スクリューのフライト部の長さを、スクリューの直径で除したものをいう。

11 油圧装置において、回路圧力(最高圧力)を一定に保つために使用される制御弁はどれか。
　　イ　レデューシングバルブ
　　ロ　アンロードバルブ
　　ハ　リリーフバルブ
　　ニ　シーケンスバルブ

[B群(多肢択一法)]

12 電気機器の用途に関する記述として、誤っているものはどれか。
　　イ　スクリュー回転表示計は、材料の可塑化、溶融、計量の指針等の目安になっている。
　　ロ　リニアエンコーダは、作動位置制御に用いられる。
　　ハ　自動温度制御には、ON－OFF式が多く用いられる。
　　ニ　加熱シリンダに用いられるヒータは、バンドヒータである。

13 電動式射出成形機において、モータからの動力を伝達していないものはどれか。
　　イ　ボールねじ
　　ロ　ギヤ
　　ハ　タイミングベルト
　　ニ　カム

14 射出成形機の付属機器の機能に関する記述として、誤っているものはどれか。
　　イ　ホッパドライヤは、材料を乾燥させるものである。
　　ロ　ホッパローダは、材料を供給するものである。
　　ハ　混合機は、マスターバッチ着色を行うときにも使用される。
　　ニ　通常の粉砕機は、インサート金具付製品の粉砕にも使用される。

15 文中の(　　)内に当てはまる語句として、適切なものはどれか。
　　　成形作業と連動せずに、単独で使う付属機器は、(　　)である。
　　イ　製品取出し装置
　　ロ　ホッパドライヤ
　　ハ　ホッパローダ
　　ニ　タンブラ

16 射出成形用金型の標準的な構成要素として、誤っているものはどれか。
　　イ　キャビティ部
　　ロ　材料の流動機構
　　ハ　成形品の突出し機構
　　ニ　型開閉機構

17 ランナーレス金型の特徴に関する記述として、正しいものはどれか。
　　イ　成形材料のロスが多い。
　　ロ　マニホールド内で、溶融材料が滞留する時間が短い。
　　ハ　成形サイクルタイムが長い。
　　ニ　金型代が高い。

18 日本工業規格(JIS)の「プラスチック用金型のロケートリング」に関する記述として、誤っているものはどれか。
 イ　国際標準化機構(ISO)規格を基に作成された規格である。
 ロ　プラスチック用射出金型に適用される。
 ハ　材料は、鋼でなければならない。
 ニ　種類に対応した基本寸法は規定しているが、許容差は規定していない。

19 金型の取扱いに関する記述として、誤っているものはどれか。
 イ　アイボルトを使用して金型を吊り上げる場合、アイボルトのねじ部を完全に締め込んで使用する。
 ロ　金型を保管するには、ノズル穴をシールする。
 ハ　金型を保管するには、乾燥した冷暗所がよい。
 ニ　金型を長期に保管する場合、グリースを塗布する。

20 水に浮く成形材料として、正しいものはどれか。
 イ　ポリアセタール
 ロ　ポリプロピレン
 ハ　ポリカーボネート
 ニ　ポリ塩化ビニル

21 文中の(　　)内に当てはまる語句として、適切なものはどれか。
  成形材料に関する一般グレードの特徴として、(　　)は、非晶性で不透明である。
 イ　変性PPE
 ロ　PA
 ハ　PBT
 ニ　POM

22 成形材料に関する記述として、誤っているものはどれか。
 イ　ポリエチレンは、結晶性で成形収縮率が大きい。
 ロ　ポリカーボネートは、低温における耐衝撃性に優れている。
 ハ　ポリプロピレンは、非晶性で印刷が容易である。
 ニ　メタクリル樹脂は、透明性に優れている。

23 日本工業規格(JIS)における、プラスチック材料の略語とその材料名の組合せとして、誤っているものはどれか。
  [略語]　　　　　　　[材料名]
 イ　PET　・・・　ポリエチレンテレフタレート
 ロ　PA　・・・・　ポリアセタール
 ハ　PC　・・・・　ポリカーボネート
 ニ　PBT　・・・　ポリブチレンテレフタレート

[B群(多肢択一法)]

24 日本工業規格(JIS)における、六角穴をもつボルトの図示法として、適切なものはどれか。

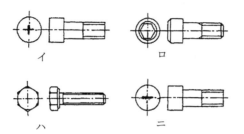

          イ   ロ

          ハ   ニ

25 循環型社会の形成に向けた、いわゆる「3R政策」に含まれないものはどれか。
    イ   Reduce(リデュース：廃棄物の発生抑制)
    ロ   Report(リポート：報告)
    ハ   Recycle(リサイクル：再資源化)
    ニ   Reuse(リユース：再使用)

平成30年度 技能検定
2級 プラスチック成形 学科試験問題
(射出成形作業)

1. 試験時間　1時間40分

2. 問題数　50題(A群25題、B群25題)

3. 注意事項

(1)　係員の指示があるまで、この表紙はあけないでください。

(2)　答案用紙(真偽法と多肢択一法の併用)に検定職種名、作業名、級別、受検番号、氏名を必ず記入してください。

(3)　係員の指示に従って、問題数を確かめてください。それらに異常がある場合は、黙って手を挙げてください。問題はA群(真偽法)とB群(多肢択一法)とに分かれています。

(4)　試験開始の合図で始めてください。

(5)　解答の方法(真偽法と多肢択一法の併用)は次のとおりです。

イ．A群の問題(真偽法)は、一つ一つの問題の内容が正しいか、誤っているかを判断して解答してください。

ロ．B群の問題(多肢択一法)は、正解と思うものを一つだけ選んで、解答してください。二つ以上に解答した場合は誤答となります。

ハ．答案用紙(マークシート用紙)へ解答する際は、答案用紙に記載されている注意事項に従ってください。

ニ．答案用紙の解答欄は、A群の問題とB群の問題とでは異なります。所定の解答欄に、試験問題の題数に応じて解答してください。解答欄はA群は50題まで、B群は25題まで解答できるようになっています。

(6)　電子式卓上計算機その他これと同等の機能を有するものは、使用してはいけません。

(7)　携帯電話等は、使用してはいけません。

(8)　試験中、質問があるときは、黙って手を挙げてください。ただし、試験問題の内容、漢字の読み方等に関する質問にはお答えできません。

(9)　試験終了時刻前に解答ができあがった場合は、黙って手を挙げて、係員の指示に従ってください。

(10)　試験中に手洗いに立ちたいときは、黙って手を挙げて、係員の指示に従ってください。

(11)　試験終了の合図があったら、筆記用具を置き、係員の指示に従ってください。

[A群(真偽法)]

1 熱可塑性樹脂の射出成形では、樹脂を加熱して軟化溶融させ、金型に圧入して冷却する。

2 一般に、PEは吸湿性が小さい。

3 消費電力500Wの装置を200Vで使用した場合は、5Aの電流が装置に流れる。

4 品質管理の管理サイクルは、P(計画)→D(実施)→A(アクション)→C(チェック)の順序で行われる。

5 労働安全衛生法関係法令では、作業場の明るさ(照度)について、基準は定めていない。

6 一般に、電動式射出成形機は、型開閉、突出し、射出を各々のサーボモータを使って駆動させている。

7 PC材は、予備乾燥条件により、加水分解をおこし衝撃強さが損なわれることがある。

8 ポリプロピレン樹脂からABS樹脂への材料替えでは、途中でパージ材を使用するのが一般的である。

9 熱可塑性プラスチックをドリル加工した場合、ドリル径に比べて小さい穴があくことに注意が必要である。

10 次の測定器とその測定箇所の組合せは、いずれも正しい。
    [測定器]　　　　　　　　[測定箇所]
    (1) 直尺　　　　　　　　長さ測定
    (2) マイクロメータ　　　外側測定
    (3) ハイトゲージ　　　　深さ測定

11 カラードペレット法とは、粉末着色剤をペレットに混合して、それを直接ホッパに投入して使用する着色法をいう。

12 アニーリングの効果として、成形品の寸法が安定するといわれるが、これは寸法不良が改善されるということである。

13 成形品を500個成形して、良品450個を得た。このときの成形不良率は10%である。

14 射出成形機のスクリューが射出工程中にクッション量が安定しない原因としては、逆流防止リングが破損しているか、摩耗している場合が多い。

15 油圧モータは、供給流量を変えれば、回転速度を変えることができる。

16 周波数50ヘルツの電流で、毎分1000回転する三相誘導電動機を周波数60ヘルツの電源に接続した場合は、毎分1500回転となる。ただし、スリップは考えないものとする。

17 保圧のプログラム制御は、成形品のひけ防止や寸法安定の向上に効果がある。

18 成形品表面にレザー模様(皮しぼ)が必要な場合には、一般に、金型表面をエッチング処理する。

19 日本工業規格(JIS)では、リターンピンの呼び寸法を1mm〜10mmに規定している。

20 金型を保管する場合は、一般に、防錆剤よりもグリースを塗布するとよい。

21 インサート金具としては、線膨張係数の小さい材質のほうがクラック発生防止に効果がある。

22 ABS樹脂製品間の溶剤接着には、メチルエチルケトン(MEK)などが使われる。

23 FRTPとは、ガラス繊維などを配合して強化した熱可塑性プラスチックをいう。

24 日本工業規格(JIS)によれば、製図に用いる一点鎖線及び二点鎖線の描き方は、極短線の要素で始まり、また終わるように描く。

25 家庭用品質表示法関係法令によれば、合成樹脂加工品のバケツ、洗面器及び皿は、品質表示を行うことが義務付けられている。

［B群(多肢択一法)］

1 成形条件とその品質に関する事項との組合せとして、適切でないものはどれか。

    ［成形条件］　　　　　［品質に関する事項］
    イ　材料温度　　　　　ショートショット
    ロ　保圧時間　　　　　ひけ
    ハ　冷却時間　　　　　ウェルドマーク
    ニ　V−P切換え　　　　オーバーパック

2 計量に関する記述として、適切でないものはどれか。

    イ　スクリューの計量は、射出体積の20〜80%で使用するのがよい。
    ロ　小型成形機(型締980kN(100tf)以下)では、クッション量を3〜7mmぐらい取れ
    　　ばよい。
    ハ　スクリュー背圧をかけてもかけなくても、計量密度に変わりはない。
    ニ　スクリュー背圧をかける時は、0.98〜2.94MPa程度がよい。

3 ABS樹脂成形品の生産終了後、高密度ポリエチレンに色替えする場合、材料のロス
が最も少ない方法はどれか。

    イ　加熱筒温度を成形温度よりも高くして行う。
    ロ　背圧を高くしてスクリュー回転で行う。
    ハ　射出速度は速めで、計量を少なくし、スクリューの回転数を高くする。
    ニ　計量を多くする。

4 ゲート付近のフローマークの防止対策として、適切なものはどれか。

    イ　金型温度を下げる。
    ロ　加熱シリンダの温度を下げる。
    ハ　射出速度を上げる。
    ニ　流れの悪い材料に替える。

5 成形品が離型しにくくなる原因として、誤っているものはどれか。

    イ　射出圧力が高く、射出時間が長い。
    ロ　保圧が低く、保圧時間が短い。
    ハ　金型の抜き勾配が少ない。
    ニ　金型のキャビティ、コアの磨きが悪い。

6 同じ材質の成形品を超音波溶着する場合、溶着強度が最も低いものはどれか。

    イ　PE
    ロ　ABS樹脂
    ハ　PMMA
    ニ　PC

7 日本工業規格(JIS)による最大測定長が300mmの測定器に関する記述として、正しいものはどれか。

 イ 外側マイクロメータの測定範囲は、275〜300mmである。

 ロ ノギスの測定範囲は、275〜300mmである。

 ハ デプスゲージの測定範囲は、275〜300mmである。

 ニ ハイトゲージの測定範囲は、275〜300mmである。

8 1個10gのポリエチレン成形品を20000個得るための仕込み量(準備する量)として、正しいものはどれか。ただし、材料歩留り率は90%とし、仕込み量単位は5kgとする。

 イ 210kg

 ロ 215kg

 ハ 220kg

 ニ 225kg

9 射出成形機の仕様に関する記述として、誤っているものはどれか。

 イ 射出率の単位は、g/secである。

 ロ 可塑化能力の単位は、kg/hである。

 ハ 射出圧力の単位は、MPaである。

 ニ 型締力の単位は、kNである。

10 加熱シリンダ及びスクリューの各部分の状態、又は、その役割の記述として、誤っているものはどれか。

 イ 材料落下部は、材料の食い込み不良防止のため、冷却水で温度調整する。

 ロ 供給部は、射出量を正確に制御する逆流防止弁を持つ。

 ハ 圧縮部は、せん断発熱と外部加熱による樹脂の溶融と脱気を行う。

 ニ 計量部は、溶融樹脂の混練と均一化を行う。

11 文中の(　　)内に入る語句として、適切なものはどれか。

 油圧回路に使用する圧力制御弁には、リリーフ弁、レデューシング弁、アンロード弁、(　　)などがある。

 イ アキュムレータ

 ロ シーケンス弁

 ハ フローコントロール弁

 ニ ソレノイド弁

12 電圧、電流及び電気抵抗の間に成り立つオームの法則の関係式として、正しいものはどれか。

 イ 電流=電圧÷電気抵抗

 ロ 電圧=電流÷電気抵抗

 ハ 電気抵抗=電圧×電流

 ニ 電流=電圧×2×電気抵抗

[B群(多肢択一法)]

13 文中の( )内に入る語句として、適切なものはどれか。

　　射出成形機において、加熱筒温度の管理は、最も重要であるが、近年の温度制御系統には、主に( )制御方式が用いられ、高い精度と安定性が確保されている。

　イ　プログラム
　ロ　シーケンス
　ハ　オープンループ
　ニ　PID

14 文中の( )内に入る語句として、適切なものはどれか。

　　乾燥機は、成形する前に吸湿した材料の水分を取り除くために用いるが、一般に、ABS樹脂などの汎用プラスチックに使用されているものは( )式である。

　イ　熱風循環
　ロ　赤外線
　ハ　真空
　ニ　除湿

15 成形材料の混練に使用される装置として、誤っているものはどれか。

　イ　ニーダー
　ロ　ミキサー
　ハ　ブレンダー
　ニ　ホッパーマグネット

16 パーティングライン(PL)に関する記述として、誤っているものはどれか。

　イ　エアベントを設けてはならない。
　ロ　形状は、シンプルで直線状が望ましい。
　ハ　外観上できるだけ目立たない位置に設ける。
　ニ　段差は少ないほうがよい。

17 射出成形の型開閉や離型時に自動的に切断される流動機構として、誤っているものはどれか。

　イ　ピンポイントゲート
　ロ　ファンゲート
　ハ　サブマリンゲート
　ニ　ホットランナー

18 日本工業規格(JIS)のモールド用及びプラスチック用金型に関する記述として、誤っているものはどれか。
    イ　モールド用平板部品の材料及び硬さは、規定されていない。
    ロ　モールド用エジェクタピンには、プラスチック型、ダイカスト型などがある。
    ハ　プラスチック用金型のロケートリングは、A形及びB形の2種類に区分されている。
    ニ　モールド用ガイドピンの硬さは、55HRC以上と規定されている。

19 金型の取扱いに関する記述として、誤っているものはどれか。
    イ　キャビティのしぼ加工面に付着した樹脂かすやさびなどは、ペーパー磨きなどの処理をすることは適切でない。
    ロ　金型を保管する場合、キャビティとコアは閉じておく。
    ハ　金型を保管する場合、冷却水孔の水分をエアパージした後、乾燥した冷暗所に保管する。
    ニ　レンズなど透明な成形品のキャビティに付着しているゴミは、ウエスやティッシュなどでふき取る。

20 プラスチック材料とその特性の組合せとして、正しいものはどれか。
    ［プラスチック材料］　　　　　［特性］
    イ　ポリアセタール　　　　　耐衝撃性が劣っている。
    ロ　ポリスチレン　　　　　　耐衝撃性が優れている。
    ハ　ポリエチレン　　　　　　耐寒性が優れている。
    ニ　ポリプロピレン　　　　　ヒンジ性が劣っている。

21 文中の(　　　)内に入る語句として、適切なものはどれか。
    プラスチックは燃焼するときの状態から、その種類を判別できるが、黒煙を多く出して燃えるのは、(　　　)である。
    イ　ポリプロピレン
    ロ　ポリエチレン
    ハ　メタクリル樹脂
    ニ　ABS樹脂

22 文中の(　　　)内に入る語句として、適切なものはどれか。
    異方性とは、射出工程中、プラスチックの分子がその流れ方向に配向し、成形収縮率や(　　　)が流れ方向と直角方向で異なることをいう。
    イ　分子量
    ロ　表面硬度
    ハ　衝撃強さ
    ニ　耐熱性

［B群(多肢択一法)］

23 日本工業規格(JIS)の略号及びその材料名の組合せとして、誤っているものはどれか。

	[略号]	[材料名]
イ	PBT	ポリブチレンテレフタレート
ロ	POM	ポリアセタール
ハ	PPE	ポリフェニレンスルフィド
ニ	PET	ポリエチレンテレフタレート

24 日本工業規格(JIS)の製図における寸法記入方法で規定する寸法補助記号に関する記述として、誤っているものはどれか。

  イ　Sφは、球の直径を表す。

  ロ　Cは、30°の面取りを表す。

  ハ　Rは、半径を表す。

  ニ　□は、正方形の辺を表す。

25 家庭用品品質表示法関係法令の合成樹脂加工品で、「食事用、食卓用又は台所用の器具」への表示事項として、誤っているものはどれか。

  イ　原料樹脂の種類

  ロ　表面加工の種類

  ハ　耐熱温度

  ニ　取扱い上の注意

平成 29 年度 技能検定
2 級 プラスチック成形 学科試験問題
(射出成形作業)

1. 試験時間　　1 時間 40 分

2. 問題数　　　50 題(A 群 25 題、B 群 25 題)

3. 注意事項

    (1)　　係員の指示があるまで、この表紙はあけないでください。

    (2)　　答案用紙(真偽法と多肢択一法の併用)に検定職種名、作業名、級別、受検番号、氏名を必ず記入してください。

    (3)　　係員の指示に従って、問題数を確かめてください。それらに異常がある場合は、黙って手を挙げてください。問題は A 群(真偽法)と B 群(多肢択一法)とに分かれています。

    (4)　　試験開始の合図で始めてください。

    (5)　　解答の方法(真偽法と多肢択一法の併用)は次のとおりです。

    　　イ．A 群の問題(真偽法)は、一つ一つの問題の内容が正しいか、誤っているかを判断して解答してください。

    　　ロ．B 群の問題(多肢択一法)は、正解と思うものを一つだけ選んで、解答してください。二つ以上に解答した場合は誤答となります。

    　　ハ．答案用紙(マークシート用紙)へ解答する際は、答案用紙に記載されている注意事項に従ってください。

    　　ニ．答案用紙の解答欄は、A 群の問題と B 群の問題とでは異なります。所定の解答欄に、試験問題の題数に応じて解答してください。解答欄は A 群は 50 題まで、B 群は 25 題まで解答できるようになっています。

    (6)　　電子式卓上計算機その他これと同等の機能を有するものは、使用してはいけません。

    (7)　　携帯電話等は、使用してはいけません。

    (8)　　試験中、質問があるときは、黙って手を挙げてください。ただし、試験問題の内容、漢字の読み方等に関する質問にはお答えできません。

    (9)　　試験終了時刻前に解答ができあがった場合は、黙って手を挙げて、係員の指示に従ってください。

    (10)　　試験中に手洗いに立ちたいときは、黙って手を挙げて、係員の指示に従ってください。

    (11)　　試験終了の合図があったら、筆記用具を置き、係員の指示に従ってください。

[A群(真偽法)]

1 一般に、家庭用シャンプーのプラスチック容器は、ブロー成形で造られる。

2 一般に、熱可塑性樹脂は、熱硬化性樹脂よりも、耐熱性、耐溶剤性が優れている。

3 300Wの電熱器と600Wの電熱器では、供給する電圧値が同じであれば、電熱器に流れる電流値は同じである。

4 抜取検査とは、検査ロットのすべての製品について行う検査をいう。

5 職場の5Sとは、整理、整頓、清掃、清潔、しつけ(習慣化)のことをいう。

6 電動式射出成形機では、型締も射出もサーボモータを使用する。

7 下記の材料は、いずれも予備乾燥を必要とする。
   (1) PPS
   (2) PC
   (3) PBT

8 ポリスチレン成形材料の色替えでは、一般に、パージの際の計量は少なめにし、射出速度を速くしてから何回も繰り返し行うほうが、材料のロスが少なく良い結果が得られる。

9 ポリエチレン成形品は、高周波による溶着ができる。

10 ピッチゲージとは、ねじのピッチを測定する器具をいう。

11 白の着色剤には、酸化チタンが多く使用される。

12 アニーリングの効果には、成形品の残留応力の緩和や、印刷後のクレージングの発生防止などがある。

13 下図の成形品の重さは、30gである。ただし、比重は1.2、単位はmmとする。

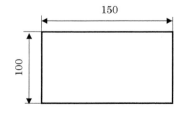

14 射出成形機のノズルタッチ力は、型締力に比例する。

15 油圧モータのトルクは、作動油の圧力を上げることにより高くすることができる。

16 抵抗が20Ωのヒータに、単相交流で10Aの電流を流したときの電力は200Wである。

17 計量精度を向上させる方法に、可塑化工程のプログラム制御を用いて、スクリューの回転速度を計量完了前に下げていく方法がある。

18 型板のような平行度が要求される厚板の精密加工には、平面研削盤が適している。

19 モールド用スプルーブシュは、日本工業規格(JIS)には規定されていない。

20 成形機に取り付けた金型を点検するときは、モータ電源はその都度切らなければならない。

21 インサート金具は、成形前によく洗浄し、完全に乾燥してから成形する必要がある。

22 PPは、MEK(メチルエチルケトン)で溶剤接着できる。

23 成形材料の曲げ弾性率は、材料の曲がりにくさを表し、この値が小さいほど曲がりやすい。

24 製図に用いる寸法補助記号で、面取りを表すCの面取り角度は、60°である。

25 振動規制法関係法令では、原動機の定格出力が7.0kWのエアコンプレッサは、特定施設として適用を受ける。

[B群(多肢択一法)]

1 文中の下線部のうち、誤っているものはどれか。
　　　射出成形における樹脂の流動配向は、<u>樹脂温度</u>、<u>金型温度</u>、<u>射出圧力</u>、<u>型開速</u>
　　　　　　　　　　　　　　　　　　　　イ　　　　　ロ　　　　　ハ　　　　　ニ
　　<u>度</u>などに大きく左右されて、成形品の物性に強い影響を与える。

2 成形品の残留応力に関する記述として、正しいものはどれか。
　　イ　金型温度を高めにすると小さくなる。
　　ロ　射出圧力を高めにすると小さくなる。
　　ハ　シリンダ温度を低めにすると小さくなる。
　　ニ　冷却時間を短めにすると小さくなる。

3 成形材料の色替えの組合せのうち、最も色替えがし易い組合せはどれか。
　　イ　黒色PS　→　白色ABS樹脂
　　ロ　黒色PC　→　白色PS
　　ハ　黒色PA　→　白色PP
　　ニ　黒色PA　→　白色PC

4 ウェルドマークの防止対策として、正しいものはどれか。
　　イ　ランナーやゲートをできるだけ小さくする。
　　ロ　金型温度を低くする。
　　ハ　流れの悪い材料を使用する。
　　ニ　ウェルドマーク付近にエアベントを設ける。

5 銀条に対する一般的な対策として、誤っているものはどれか。
　　イ　ランナとゲートを大きくする。
　　ロ　射出速度を上げる。
　　ハ　スクリューの回転数を下げる。
　　ニ　スクリュー背圧を上げる。

6 同種の成形材料による成形品のうち、溶剤接着ができない材料はどれか。
　　イ　ポリアセタール
　　ロ　ポリスチレン
　　ハ　ポリカーボネート
　　ニ　AS樹脂

7 軟質ポリエチレン製のリングの外径を測定する機器として、適切でないものはどれか。
　　イ　ノギス
　　ロ　測定顕微鏡
　　ハ　測定投影機
　　ニ　レーザ寸法測定器

8　1個20gのPS材成形品を5000個得るための材料量として、適切なものはどれか。ただし、歩留り率は、90%とする。
　　イ　100kg
　　ロ　105kg
　　ハ　110kg
　　ニ　115kg

9　文中の(　　)内に入る語句として、適切なものはどれか。
　　　スクリューヘッドには、逆流防止弁付きスクリューヘッド及びストレート形スクリューヘッドがあるが、ストレート形を用いなければならないのは(　　)である。
　　イ　硬質PVC
　　ロ　PS
　　ハ　POM
　　ニ　PA

10　文中の(　　)内に入る語句として、誤っているものはどれか。
　　　スクリュー式射出装置のスクリューには、(　　)機能がある。
　　イ　材料を均一に可塑化する
　　ロ　はなたれを防止する
　　ハ　溶融した材料を射出する
　　ニ　回転により材料を計量する

11　射出成形機に関する記述として、誤っているものはどれか。
　　イ　油圧式射出成形機は、電動式射出成形機よりも冷却水を多く必要とする。
　　ロ　トグル式型締装置の潤滑油は、油圧作動油よりも高粘度である。
　　ハ　油圧系統内に設置されるアキュムレータには、空気が封入されている。
　　ニ　高圧油圧系統に設置されているラインフィルタの交換は、汚れの具合により定期的に行う。

12　抵抗25オームに4アンペアの電流を2時間流した時に消費される電力量として、正しいものはどれか。
　　イ　200Wh
　　ロ　400Wh
　　ハ　800Wh
　　ニ　1000Wh

[B群(多肢択一法)]

13 電動式射出成形機において、型締機構(トグル式)の型締め及び型開き位置を検出しているものはどれか。
    イ　電流計
    ロ　電圧計
    ハ　エンコーダ
    ニ　ロードセル

14 射出成形機の付属機器の機能に関する記述として、誤っているものはどれか。
    イ　ホッパドライヤは、材料を乾燥させるものである。
    ロ　ホッパローダは、材料を供給するものである。
    ハ　混合機は、マスターバッチ着色を行うときにも使用される。
    ニ　通常の粉砕機は、インサート金具付製品の粉砕にも使用される。

15 射出成形機の周辺機器として、熱源のないものはどれか。
    イ　ホッパローダ
    ロ　ホッパドライヤ
    ハ　金型温調機
    ニ　箱型乾燥機

16 ゲートに関する記述として、正しいものはどれか。
    イ　サイドゲートは、ゲート仕上げが必要ではない。
    ロ　ディスクゲートは、ゲート仕上げが簡単である。
    ハ　サブマリンゲートは、型開き時あるいは突出時にゲート部が自動切断される。
    ニ　ダイレクトゲートは、圧力損失が大きい。

17 ランナーレス金型の特徴に関する記述として、正しいものはどれか。
    イ　成形材料のロスが多い。
    ロ　マニホールド内で溶融材料が滞留する時間が短い。
    ハ　成形サイクルタイムが長い。
    ニ　金型費、温度調節費など金型代が高価となる。

18 文中の下線部のうち、誤っているものはどれか。
    　　金型で使用されるリターンピン、エジェクタピン、ガイドピン及びランナ
    　　　　　　　　　　　　イ　　　　　　ロ　　　　　　　ハ
    ーロックピンは、日本工業規格(JIS)に規定されている。
    　　　ニ

19 金型の取扱いに関する記述として、誤っているものはどれか。

 イ アイボルトを使用して金型を吊り上げる場合、アイボルトのねじ部を完全に締め込んで使用する。

 ロ 金型を保管するには、ノズル穴をシールする。

 ハ 金型を保管するには、乾燥した冷暗所がよい。

 ニ 金型を長期に保管する場合、グリースを塗布する。

20 成形材料に関する一般グレードの特徴として、誤っているものはどれか。

 イ ポリカーボネートは、衝撃強さに優れている。

 ロ ポリアミドの成形品は、吸湿によって機械的強さが変化する。

 ハ ABS樹脂は、ブタジエンを含むため耐候性が良くない。

 ニ ポリプロピレンは、印刷が容易である。

21 水に浮く成形材料として、正しいものはどれか。

 イ ポリアセタール

 ロ ポリプロピレン

 ハ ポリカーボネート

 ニ ポリ塩化ビニル

22 非晶性プラスチックと比較した結晶性プラスチックの一般的な特徴として、正しいものはどれか。

 イ 透明である。

 ロ 溶剤に接してもクラックが発生しにくい。

 ハ 溶剤接着に多く用いられる。

 ニ 成形収縮率は小さい。

23 成形材料とその略号の組合せのうち、誤っているものはどれか。

   [成形材料]   [略号]

 イ ポリプロピレン ・・・・・・・・ PP

 ロ ポリアセタール ・・・・・・・・・ PA

 ハ ポリブチレンテレフタレート ・・・ PBT

 ニ ポリ塩化ビニル ・・・・・・・・・ PVC

24 図面に示す寸法数値の意味を明示するために寸法補助記号が用いられるが、記号の意味及び記号の組合せのうち、誤っているものはどれか。

   [意味]   [記号]

 イ 正方形の辺 □

 ロ 球半径   R

 ハ 円弧の長さ ⌒

 ニ 厚さ   t

[B群(多肢択一法)]

25 家庭用品品質表示法関係法令による合成樹脂加工品質表示規程に規定されている合
 成樹脂加工品は、どれか。
  イ　洗面器
  ロ　カセットケース
  ハ　植木鉢
  ニ　歯ブラシ

平成 31 年度 技能検定
1 級 プラスチック成形 学科試験問題
(射出成形作業)

1. 試験時間　　1 時間 40 分
2. 問題数　　　50 題(A 群 25 題、B 群 25 題)
3. 注意事項
   (1)　　係員の指示があるまで、この表紙はあけないでください。
   (2)　　答案用紙(真偽法と多肢択一法の併用)に検定職種名、作業名、級別、受検番号、氏名を必ず記入してください。
   (3)　　係員の指示に従って、問題数を確かめてください。それらに異常がある場合は、黙って手を挙げてください。問題は A 群(真偽法)と B 群(多肢択一法)とに分かれています。
   (4)　　試験開始の合図で始めてください。
   (5)　　解答の方法(真偽法と多肢択一法の併用)は次のとおりです。
   　　　イ．A 群の問題(真偽法)は、一つ一つの問題の内容が正しいか、誤っているかを判断して解答してください。
   　　　ロ．B 群の問題(多肢択一法)は、正解と思うものを一つだけ選んで、解答してください。二つ以上に解答した場合は誤答となります。
   　　　ハ．答案用紙(マークシート用紙)へ解答する際は、答案用紙に記載されている注意事項に従ってください。
   　　　ニ．答案用紙の解答欄は、A 群の問題と B 群の問題とでは異なります。所定の解答欄に、試験問題の題数に応じて解答してください。解答欄は A 群は 50 題まで、B 群は 25 題まで解答できるようになっています。
   (6)　　電子式卓上計算機その他これと同等の機能を有するものは、使用してはいけません。
   (7)　　携帯電話等は、使用してはいけません。
   (8)　　試験中、質問があるときは、黙って手を挙げてください。ただし、試験問題の内容、漢字の読み方等に関する質問にはお答えできません。
   (9)　　試験終了時刻前に解答ができあがった場合は、黙って手を挙げて、係員の指示に従ってください。
   (10)　　試験中に手洗いに立ちたいときは、黙って手を挙げて、係員の指示に従ってください。
   (11)　　試験終了の合図があったら、筆記用具を置き、係員の指示に従ってください。

[A群(真偽法)]

1 次の(1)～(3)は、成形法とその製品又は品質に関する用語の組合せとして、いずれも正しい。

        [成形法]   [用語]
  (1) カレンダ成形   圧延シート
  (2) ブロー成形   内容積
  (3) 真空成形   厚さ分布

2 スーパーエンジニアリングプラスチックには、PES、PI、PA6、PEEK等がある。

3 250Wのヒータを10時間使用した場合の電力量は、25kWhである。

4 *np* 管理図とは、群の大きさに対する不適合品数の割合を用いて、工程を管理するための図のことをいう。

5 電気火災には、消防法関係法令で定める下図の絵表示の消火器を使用するとよい。

6 プリプラ式射出成形における計量及び射出は、プランジャで行われる。

7 流動配向は、金型温度や樹脂温度が低くて、射出圧力が高いほど生じやすい。

8 次に示す材料の予備乾燥条件(箱型熱風式乾燥機)は、いずれも正しい。
  (1) PS   70～80℃   2～4時間
  (2) ABS樹脂 80～90℃   3～4時間
  (3) PBT   90～100℃   2～3時間

9 ポリアセタールの成形において、ジェッティングの対策として、ノズル及び金型の温度を下げることが有効である。

10 ポリエチレンやポリプロピレンの接着性を良くするには、接着面に火炎処理やコロナ放電処理をするとよい。

11 マイクロメータのラチェットストップは、測定圧力を一定にする働きはない。

12 成形材料の着色方法において、マスターバッチ法より着色ペレット法のほうが色むらが出にくい。

13 成形品のアニーリングは、荷重たわみ温度まで温度を上昇させた加熱炉内で、一定時間加熱すると効果が高い。

14 体積が同じ場合、低密度PEで質量が105gの成形品は、PA6では100gとなる。

15 射出成形機のサックバック装置は、ノズルから溶融樹脂がもれるのを防止するために使用される。

16 油圧式射出成形機において、三相電動機の起動・停止には、主として、電磁開閉器(マグネットスイッチ)が用いられる。

17 7.5kWで200Vの三相電動機(効率0.8、力率0.8)には、5Aの電流が流れる。

18 製品取出し装置で製品を傷つけずに取り出すには、一般に、吸着パッドを用いるとよい。

19 日本工業規格(JIS)において、「モールド用スプルーブシュ」は種類をA～F形に区分し、形状、寸法、硬さ等が定められている。

20 金型修理の際に溶接を行う場合、焼入れされた金型は、焼入れされていない金型より割れにくい。

21 PA、PS及びPOMは、耐摩耗性が優れているため、いずれも機械部品としてのギヤやカムなどの材料に用いられる。

22 アルミニウムや黄銅(真鍮)は、金属の中で線膨張係数が比較的大きいため、インサート金具に適した材料である。

23 プラスチックの溶剤接着では、環境保護や労働衛生に注意する必要はない。

24 日本工業規格(JIS)において、次の(1)～(3)は、いずれも熱的性質の測定方法として規定されている。
   (1) 荷重たわみ温度
   (2) ビカット軟化温度
   (3) ぜい化温度

25 資源有効利用促進法において、主務大臣は、省令により指定表示製品ごとに表示の標準を示し、当該製品の製造等の事業を行う者に対して、表示事項と遵守事項を定めている。

［B群(多肢択一法)］

1 射出成形条件と成形品の品質に関する記述として、適切なものはどれか。
　　イ　突出し速度を遅くすると、白化する。
　　ロ　射出二次圧を高くすると、すりきずが発生しやすくなる。
　　ハ　金型温度を高くすると、シルバーストリークが発生する。
　　ニ　射出速度を遅くすると、光沢が良くなる。

2 射出成形条件と成形品の品質に関する記述として、誤っているものはどれか。
　　イ　ジェッティングの対策として、充てん速度を低速にするとよい。
　　ロ　ガス焼けは、射出速度の重要度が高い。
　　ハ　金型温度を高くすると、フローマークは目立ちにくくなる。
　　ニ　ひけ防止対策としての成形条件は、保圧を低くして保圧時間を短くするとよい。

3 成形材料の予備乾燥に使用する真空乾燥機に関する記述として、誤っているものはどれか。
　　イ　乾燥温度は、必ず100°C以上にする。
　　ロ　適正な真空条件の場合、乾燥時間は、常圧乾燥より短くてよい。
　　ハ　特に、PAの乾燥に適している。
　　ニ　乾燥した材料は、素早く使用(成形)することが望ましい。

4 成形材料の色替え及び材質替えに関する記述として、誤っているものはどれか。
　　イ　次の成形に使用する材料によっては、一般に、パージ材を使用する必要がない。
　　ロ　専用のパージ材を使用するときは、材質の選定が重要である。
　　ハ　定期的にスクリューを取り出し、逆止弁やスクリューに付着した炭化物やきずがないかを調べる。
　　ニ　成形材料をパージ材として使用する場合、温度によって溶融粘度が低下しやすいものが適している。

5 ウェルドマークを小さくするための対策として、誤っているものはどれか。
　　イ　樹脂温度を上げる。
　　ロ　エアベントを設ける。
　　ハ　金型温度を高くする。
　　ニ　射出速度を遅くする。

6 PMMA成形品に発生する不良項目のうち、機械的強度への影響が少ないものはどれか。
　　イ　気泡(ボイド)
　　ロ　ウェルドライン
　　ハ　フローマーク
　　ニ　ストレスクラッキング

7 プラスチック成形品のクロムめっき処理に関する記述として、適切でないものはどれか。
    イ 下地より、クロムめっきを厚くする。
    ロ 下地には、銅やニッケルが使われる。
    ハ 素材の表面を、化学的にエッチングする。
    ニ 素材の表面を、脱脂する。

8 ノギスの使用に関する記述として、適切でないものはどれか。
    イ 使用の前後は、必ずきれいに拭き取る。
    ロ 止めねじは、できるだけ固く締める。
    ハ M形ノギスで小さな穴の径を測るときは、見かけ上、小さめに読み取れることが多いので注意する。
    ニ 外側の測定に際しては、測定箇所と平行する面に垂直に当てる。

9 着色剤とその成形材料に関する組合せとして、適切でないものはどれか。

	[着色剤]	[成形材料]
イ	分散性粉末顔料	PMMA透明品
ロ	ペースト状着色剤	PVC
ハ	リキッドカラー	ABS樹脂
ニ	マスターバッチ	PA

10 1個100gの成形品を3500個成形したところ80個の不良品が出て、これに要した材料は400kgであったとき、不良率と歩留り率の組合せとして、正しいものはどれか。ただし、各計算値は、小数点以下第2位を切り捨て、小数点以下第1位まで表示している。

	[不良率]	[歩留り率]
イ	1.2%	78.3%
ロ	2.2%	80.0%
ハ	2.2%	85.5%
ニ	4.2%	86.3%

11 汎用射出成形機に用いられるスクリューに関する記述として、誤っているものはどれか。
    イ ピッチは、一般に、一定である。
    ロ L／Dは、25～35のものが多い。
    ハ 計量部は、供給部より短い。
    ニ 圧縮比は、一般に、2～3である。

［B群(多肢択一法)］

12 成形機の型締装置に関する記述として、誤っているものはどれか。

 イ　ブースタ式型締装置は、ブースタラムによって大きな型締力を発生する。

 ロ　トグル式の型締力は、タイバーの伸びによって発生させている。

 ハ　増圧式型締装置は、型締シリンダと増圧シリンダの2段階方式で型締めを行う。

 ニ　トグル式型締装置には、シングルリンク式とダブルリンク式がある。

13 投影面積が100cm²の製品をキャビティ内圧50MPaで成形する場合、必要とする型締力として、最も適切なものはどれか。

 イ　　　50kN以上

 ロ　　200kN以上

 ハ　　500kN以上

 ニ　5000kN以上

14 下図において、ヒューズに必要となる電流の大きさとして、最も適切なものはどれか。

 ただし、R1とR2の消費電力は、それぞれ1kWである。

 イ　5 A

 ロ　10 A

 ハ　20 A

 ニ　50 A

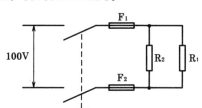

15 成形工程中における製品の良否判別に用いる監視項目として、一般に、必要としないものはどれか。

 イ　スクリューの最前進位置

 ロ　射出一次圧時間

 ハ　計量時間

 ニ　型開き停止位置

16 周辺機器に関する記述として、誤っているものはどれか。

 イ　製品取出し装置は、一般に、小型機には首振り式、中・大型機には横走行式が用いられる。

 ロ　除湿乾燥機は、熱風循環式乾燥機より乾燥効率が悪い。

 ハ　温度制御範囲が30～95℃の金型温度調節機の媒体には、一般に、水が使われている。

 ニ　ホッパローダは、一般に、吸引式である。

[B群(多肢択一法)]

17 ホットランナー方式に関する記述として、誤っているものはどれか。
 イ 加熱には、外部加熱と内部加熱のタイプがある。
 ロ 色替えは、コールドランナー方式より容易である。
 ハ 金型の価格は、コールドランナー方式より高い。
 ニ 材料の歩留り率は、コールドランナー方式より良い。

18 スライドコアをアンギュラピンで作動させる場合、アンギュラピンの角度の限界として、適切なものはどれか。
 イ 7°程度
 ロ 12°程度
 ハ 22°程度
 ニ 45°程度

19 日本工業規格(JIS)において、モールド金型に用いる部品として、規定されていないものはどれか。
 イ モールド用ガイドピン
 ロ プラスチック用金型のロケートリング
 ハ モールド用平板部品
 ニ モールド金型用シャンク

20 金型をクロムめっき処理する利点として、適切でないものはどれか。
 イ 金型の耐食性が向上する。
 ロ 製品の外観が良くなる。
 ハ 金型寿命が延びる。
 ニ 金型の寸法精度が一段と向上する。

21 次のうち、密度が最も高いプラスチックはどれか。
 イ POM
 ロ ABS樹脂
 ハ PPE
 ニ PC

22 次のうち、耐熱性の指標となるガラス転移点(温度)が最も高い非晶性プラスチックはどれか。
 イ ポリカーボネート
 ロ ポリエーテルスルホン
 ハ アクリル樹脂
 ニ ポリスチレン

［B群(多肢択一法)］

23 日本工業規格(JIS)において、プラスチック材料の試験法として、規定されていない
   ものはどれか。
   イ　成形流動性の試験
   ロ　物理的性質の試験
   ハ　持続耐電圧の試験
   ニ　燃焼性質の試験

24 日本工業規格(JIS)のはめあい方式において、穴寸法と軸寸法が次の場合の最大しめ
   しろとして、正しいものはどれか。
   　　　　穴寸法　　$\phi 50^{+0.025}_{0}$　　　　　　軸寸法　　$\phi 50^{+0.042}_{+0.026}$
   イ　0.001
   ロ　0.017
   ハ　0.026
   ニ　0.042

25 電気用品安全法における、電気用品の定義に関する文中の(　　)内に当てはまる語
   句として、適切なものはどれか。
   1　一般用電気工作物(電気事業法に規定する一般用電気工作物をいう。)の部分と
   　　なり、又はこれに接続して用いられる機械、(　　)又は材料であって、政令で
   　　定めるもの
   2　携帯発電機であって、政令で定めるもの
   3　蓄電池であって、政令で定めるもの

   イ　電線
   ロ　変圧器
   ハ　分電盤
   ニ　器具

平成 30 年度 技能検定
1 級 プラスチック成形 学科試験問題
(射出成形作業)

1. 試験時間　　1 時間 40 分

2. 問題数　　　50 題(A 群 25 題、B 群 25 題)

3. 注意事項

   (1)　係員の指示があるまで、この表紙はあけないでください。

   (2)　答案用紙(真偽法と多肢択一法の併用)に検定職種名、作業名、級別、受検番号、氏名を必ず記入してください。

   (3)　係員の指示に従って、問題数を確かめてください。それらに異常がある場合は、黙って手を挙げてください。問題は A 群(真偽法)と B 群(多肢択一法)とに分かれています。

   (4)　試験開始の合図で始めてください。

   (5)　解答の方法(真偽法と多肢択一法の併用)は次のとおりです。

   　　イ．A 群の問題(真偽法)は、一つ一つの問題の内容が正しいか、誤っているかを判断して解答してください。

   　　ロ．B 群の問題(多肢択一法)は、正解と思うものを一つだけ選んで、解答してください。二つ以上に解答した場合は誤答となります。

   　　ハ．答案用紙(マークシート用紙)へ解答する際は、答案用紙に記載されている注意事項に従ってください。

   　　ニ．答案用紙の解答欄は、A 群の問題と B 群の問題とでは異なります。所定の解答欄に、試験問題の題数に応じて解答してください。解答欄は A 群は 50 題まで、B 群は 25 題まで解答できるようになっています。

   (6)　電子式卓上計算機その他これと同等の機能を有するものは、使用してはいけません。

   (7)　携帯電話等は、使用してはいけません。

   (8)　試験中、質問があるときは、黙って手を挙げてください。ただし、試験問題の内容、漢字の読み方等に関する質問にはお答えできません。

   (9)　試験終了時刻前に解答ができあがった場合は、黙って手を挙げて、係員の指示に従ってください。

   (10)　試験中に手洗いに立ちたいときは、黙って手を挙げて、係員の指示に従ってください。

   (11)　試験終了の合図があったら、筆記用具を置き、係員の指示に従ってください。

[A群(真偽法)]

1 下記の成形法とその成形品との組合せは、いずれも正しい。
　　　　　　[成形法]　　　　　　　　　　[成形品]
　(1)　ブロー成形法　　　　　　　飲料用ペットボトル
　(2)　インフレーション成形法　　ポリ袋
　(3)　射出成形法　　　　　　　　テレビキャビネット
　(4)　圧縮成形法　　　　　　　　卵パック

2 PEは、一般に、低温時における衝撃強さが、PPよりも優れる。

3 電気設備に関する技術基準において、電圧は、低圧、高圧及び特別高圧の3つに区分される。

4 抜取検査とは、製造ロット中のすべての製品(部品)について行う検査をいう。

5 労働安全衛生法関係法令によれば、2m以上の高さの箇所で作業を行う場合において墜落の危険があるときは、墜落を防止するための作業床等の設備を設けなければならない。

6 2色射出成形機は、射出装置を2組備え、2色又は2種の成形材料を同時又は順次に射出して一体成形することができる。

7 ガラス繊維入りPBTを、下図のように矢印の方向から充填させて成形品を作った場合、一般に、A方向の収縮率は、B方向の収縮率よりも大きくなる。

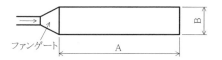

8 熱可塑性ポリエステルは、吸湿により加水分解をおこし、強度が低下するので、乾燥には充分注意しなければならない。

9 透明な成形品の表面光沢不良が生じた場合の対策として、下記はいずれも有効である。
　(1)　加熱筒温度を高くする。
　(2)　金型温度を高くする。
　(3)　保圧を高くする。

10 真空蒸着、塗装、印刷の中で、一般に、加工が容易で歩留りが良いのは印刷である。

11 限界ゲージは、成形品の製品寸法の良否を判別するのに使用され、内側マイクロメータは、成形品の穴径を測定するのに使用される。

[A群(真偽法)]

12 50kg用タンブラーで顔料を混合する場合、原料を入れてから、一般に、約10〜15分混合する。

13 アニーリングの効果には、成形品の残留応力が緩和され、印刷のインキがのりやすくなることがある。

14 1個90gの製品を1000個成形したところ、不良品100個が発生した。これに要した材料が100kgである場合の材料歩留り率は90.0%である。

15 流量制御弁は、油圧ラムなどの速度に変化を与えるために使用される弁で、一定回転で駆動される定容量型ポンプには必要である。

16 射出成形機の駆動を油圧装置によらず、電動機により駆動する方式のものでは、一般に、サーボモータ及びボールねじが使われている。

17 シーケンス制御は、一つの成形サイクル中の各段階を、あらかじめ設定された順序に従って逐次的に動作を進行させる制御方式である。

18 射出成形機の加熱シリンダに設けられたベント装置は、成形材料の水分や揮発分を効果的に除去する役割がある。

19 プラスチック成形用金型の材料に使用されるS55Cは、引張強さ $539N/mm^2(55kgf/mm^2)$ の機械構造用炭素鋼鋼材のことである。

20 金型キャビティ・コアの鋼材は、使用する成形材料の種類、総生産数や成形品の要求品質を考慮して、その選定をしなければならない。

21 電解めっきされる樹脂は、主にABS樹脂が多い。

22 インサート金具にシャープエッジがあると成形品にクラックが発生しやすいのは、応力集中のためである。

23 塩化ビニル樹脂の接着剤にメチルエチルケトン(MEK)を使用した場合は、クレージングが発生する。

24 成形材料とその略号の組合せは、いずれも正しい。

	[成形材料]	[略号]
(1)	ポリエーテルエーテルケトン	PEEK
(2)	ポリエーテルイミド	PEI
(3)	ポリフェニレンスルフィド	PESU

[A群(真偽法)]

25　原動機の定格出力が10kWまでのエアコンプレッサは、振動規制法関係法令の特定施
　　設として適用を受けない。

[B群(多肢択一法)]

1 非強化ポリスルホン(PSU)の成形条件として、適切でないものはどれか。
    イ   樹脂温度は、350～390℃必要である。
    ロ   乾燥は、除湿式ホッパドライヤでは135～165℃で3～4時間が必要である。
    ハ   金型温度は、80℃である。
    ニ   パージ材として、PCを使用するとよい。

2 GF-PET樹脂の成形及び品質に関する記述として、誤っているものはどれか。
    イ   予備乾燥を充分行わないと、強度が弱くなる。
    ロ   結晶化度を上げるには、型温は70℃以下がよい。
    ハ   表面光沢を良くするためには、型温を高くする。
    ニ   荷重たわみ温度は、220～240℃(1.81MPa負荷)である。

3 予備乾燥の不足が原因で多く発生する不良現象はどれか。
    イ   シルバーストリーク
    ロ   ジェッティング
    ハ   フローマーク
    ニ   黒条

4 最も材料替えが困難な材料の組合せはどれか。
    イ   白色ABS樹脂 → 黒色ABS樹脂
    ロ   透明PMMA → 白色PC
    ハ   黒色PA → 透明PC
    ニ   白色PP → 黒色PP

5 ポリカーボネート成形品に発生する不良項目の中で、機械的強度に最も影響の少ないものはどれか。
    イ   気泡(ボイド)
    ロ   ウェルドマーク
    ハ   ばり
    ニ   ストレスクラッキング

6 成形品のばりに関する記述として、正しいものはどれか。
    イ   V-P切換え位置に関係するが、切換えが早いときは発生しにくい。
    ロ   型温や型締力に関係するが、型そのもののでき具合いには関係しない。
    ハ   射出速度や射出圧力に関係するが、加熱筒温度にはあまり関係しない。
    ニ   製品の投影面積と型締力に関係するが、使用材料の流動性には関係しない。

［B群(多肢択一法)］

7 文中の( )内に入る語句として、適切なものはどれか。
　　　同質プラスチックを接着する場合、( )は溶剤接着が不可能である。
　　イ　ABS樹脂
　　ロ　PC
　　ハ　PMMA
　　ニ　POM

8 測定器に関する記述として、正しいものはどれか。
　　イ　軸受の内径は、ブロックゲージで測定するとよい。
　　ロ　エラストマーでできたリングの外径は、ノギスで測定するとよい。
　　ハ　段差のある穴のピッチは、三次元測定器で測定するとよい。
　　ニ　外径に抜きテーパのあるケースの高さは、投影機で測定するとよい。

9 着色剤と成形材料に関する記述として、適切でないものはどれか。
　　イ　ABS樹脂は、マスターバッチで着色できる。
　　ロ　PSに顔料を混ぜて着色する場合、タンブリングする。
　　ハ　白に着色された材料でも、カーボンブラックを混合すれば黒になる。
　　ニ　透明品の着色には、染料が適している。

10 下図の成形品の質量として、最も近いものはどれか。
　　ただし、比重は1.1とし、計算は、小数点以下第2位を四捨五入し、小数点以下第1
　　位までとする。なお、π=3.14 とする。
　　イ　0.8g
　　ロ　1.4g
　　ハ　2.3g
　　ニ　2.8g

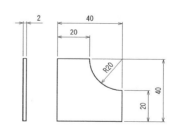

（単位　mm）

11 射出成形機のスクリューと逆流防止弁が摩耗している場合に発生する現象として、
　　誤っているものはどれか。
　　イ　混練不足による色むらが発生する。
　　ロ　可塑化(計量)時間が短くなる。
　　ハ　材料によっては、焼けが発生する。
　　ニ　ウェルドマークが発生しやすい。

12 材料とスクリューヘッドの組合せとして、誤っているものはどれか。

    [材　料]　　　　　　[スクリューヘッド]
  イ　PA　　　　　　　ストレート形スクリューヘッド
  ロ　硬質PVC　　　　　ストレート形スクリューヘッド
  ハ　PP　　　　　　　逆流防止弁付きスクリューヘッド
  ニ　ABS樹脂　　　　　逆流防止弁付きスクリューヘッド

13 油圧配管に関する記述として、適切でないものはどれか。

  イ　油圧装置に使用される管には、鋼管及びゴムホースがある。
  ロ　ゴムホースは、その柔軟性を利用して移動する装置に接続する時に使用する。
  ハ　ゴムホースの規格は、日本工業規格(JIS)に規定されている。
  ニ　ゴムホースは、鋼管に比べ、圧力応答性がよい。

14 下図の回路におけるAB間の合成抵抗(R1～R3)として、正しいものはどれか。

  イ　5Ω
  ロ　12Ω
  ハ　16Ω
  ニ　20Ω

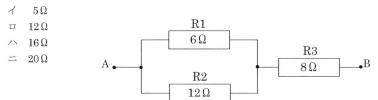

15 電動式射出成形機において、溶融樹脂圧力を検出しているものはどれか。

  イ　エンコーダ
  ロ　ロードセル
  ハ　ノーヒューズブレーカ
  ニ　熱電対

16 成形材料の混合・混練に使用される装置として、誤っているものはどれか。

  イ　ホッパローダ
  ロ　ミキサー
  ハ　ブレンダー
  ニ　ニーダー

17 ホットランナー方式に関する記述として、誤っているものはどれか。

  イ　成形サイクルは、コールドランナー方式よりも短い。
  ロ　ゲート位置は、コールドランナー方式よりも制約を受けない。
  ハ　金型価格は、コールドランナー方式よりも高い。
  ニ　材料の歩留り率は、コールドランナー方式よりも良い。

[B群(多肢択一法)]

18 機能面からのゲート形状等に関する記述として、誤っているものはどれか。
   イ サイドゲートは、標準ゲートとも呼ばれ、一般に、キャビティの端面に設けられる。
   ロ ディスクゲートは、円形状又はパイプ成形用としてよく使用されるが、成形品の均一充てんに適している。
   ハ トンネルゲートは、サブマリンゲートとも呼ばれ、型開き時のゲート自動切断用として可動側にのみ使用される。
   ニ ダイレクトゲートは、非制限ゲートとも呼ばれ、一般に、ひけを嫌う底面積の大きな成形品に使用される。

19 日本工業規格(JIS)における「プラスチック射出成形機の金型関連寸法」に規定がないものはどれか。
   イ 押出しロッド穴の配置とその直径
   ロ ロケートリング用穴の直径と深さ
   ハ 金型取付穴の配置と取付ボルト
   ニ 冷却水孔口径の形状及び寸法

20 金型の保守管理に関する記述として、誤っているものはどれか。
   イ 金型を保管する場合、冷却水は充分にエア等でパージ除去しておくほうがよい。
   ロ 金型を保管する場合、一般にキャビティにグリースを充分塗布しておくことで最適な防錆処置ができる。
   ハ 成形終了後は、金型のPL面の汚れやばりのないことを確認し、キャビティとコアを閉じておくほうがよい。
   ニ 一般に、金型を保管する場合、防錆剤をしっかりキャビティ及びコアに塗布し、スプルーやPL面から汚れが入らないように配慮したほうがよい。

21 文中の(　)内に入る語句として、適切なものはどれか。
   　弾性率とは、弾性限界内において材料が受けた引張り、曲げ、圧縮などの応力を、(　)で除した値で、弾性係数ともいう。
   イ 荷重
   ロ ひずみ
   ハ 加速度
   ニ 比強度

22 プラスチックの特性に関する記述として、誤っているものはどれか。
   イ ポリアセタールは、摩擦摩耗性が優れている。
   ロ ポリカーボネートは、疲労強度が高い。
   ハ ポリアミドは、ガラス繊維で補強すると、荷重たわみ温度が向上する。
   ニ ポリフェニレンスルフィドは、耐薬品性が優れている。

23 日本工業規格(JIS)によれば、射出成形品の機械的性質の試験に含まれないものはどれか。
  イ 絶縁破壊強さ
  ロ 曲げ強さ
  ハ 圧縮強さ
  ニ アイゾット衝撃強さ

24 日本工業規格(JIS)において、幾何公差の特性とその記号の組合せとして、誤っているものはどれか。

    [特性]   [記号]
  イ 真直度   ——

  ロ 平面度   //

  ハ 真円度   ○

  ニ 円筒度

25 騒音規制法関係法令の特定施設に指定されている射出成形機として、正しいものはどれか。
  イ 型締力490kN以上
  ロ 型締力980kN以上
  ハ 型締力2940kN以上
  ニ 型締力の規定はない。

平成 29 年度 技能検定
1級 プラスチック成形 学科試験問題
(射出成形作業)

1. 試験時間　　1時間40分

2. 問題数　　　50題(A群25題、B群25題)

3. 注意事項

(1)　係員の指示があるまで、この表紙はあけないでください。

(2)　答案用紙(真偽法と多肢択一法の併用)に検定職種名、作業名、級別、受検番号、氏名を必ず記入してください。

(3)　係員の指示に従って、問題数を確かめてください。それらに異常がある場合は、黙って手を挙げてください。問題は A 群(真偽法)と B 群(多肢択一法)とに分かれています。

(4)　試験開始の合図で始めてください。

(5)　解答の方法(真偽法と多肢択一法の併用)は次のとおりです。

イ．A 群の問題(真偽法)は、一つ一つの問題の内容が正しいか、誤っているかを判断して解答してください。

ロ．B 群の問題(多肢択一法)は、正解と思うものを一つだけ選んで、解答してください。二つ以上に解答した場合は誤答となります。

ハ．答案用紙(マークシート用紙)へ解答する際は、答案用紙に記載されている注意事項に従ってください。

ニ．答案用紙の解答欄は、A 群の問題と B 群の問題とでは異なります。所定の解答欄に、試験問題の題数に応じて解答してください。解答欄は A 群は 50 題まで、B 群は 25 題まで解答できるようになっています。

(6)　電子式卓上計算機その他これと同等の機能を有するものは、使用してはいけません。

(7)　携帯電話等は、使用してはいけません。

(8)　試験中、質問があるときは、黙って手を挙げてください。ただし、試験問題の内容、漢字の読み方等に関する質問にはお答えできません。

(9)　試験終了時刻前に解答ができあがった場合は、黙って手を挙げて、係員の指示に従ってください。

(10)　試験中に手洗いに立ちたいときは、黙って手を挙げて、係員の指示に従ってください。

(11)　試験終了の合図があったら、筆記用具を置き、係員の指示に従ってください。

[A群(真偽法)]

1 次の成形法と関係の深い用語の組合せは、いずれも正しい。
　　　　[成形法]　　　　　　　[用語]
　　(1)　カレンダー成形　　　　金型
　　(2)　ブロー成形　　　　　　パリソン
　　(3)　真空成形　　　　　　　厚さ分布
　　(4)　インフレーション成形　サーキュラーダイ

2 PA12の吸湿性は、PA6よりも大きい。

3 オームの法則によると、電圧が一定ならば、電流は電気抵抗の大きいものほど多く流れる。

4 特性要因図とは、ある特性と原因(要因)との関係を体系化して図に示したものである。

5 労働安全衛生法関係法令によれば、機械と機械との間又は機械と他の設備との間に設ける通路は、幅80cm以上としなければならない。

6 射出圧縮成形法やガスアシスト射出成形法における充てん圧力は、一般の射出成形法よりも低くできる。

7 射出成形において、MFRの大きいポリマーを用いる場合は、小さいものを用いる場合よりも、射出圧力を高くしなければならない。

8 POMの予備乾燥は、100〜115℃で3〜4時間行うのがよい。

9 次のジェッティングの対策は、一般に、いずれも有効である。
　　(1)　ゲートの断面積を大きくする。
　　(2)　金型温度を高くする。
　　(3)　射出速度を遅くする。

10 バラバフは、荒仕上げ、中仕上げ、鏡面仕上げなどにより平滑で光沢のある面をつくる仕上げバフである。

11 ブロックゲージは、寸法測定器や測定ジグの精度測定などに多く用いられている。

12 マスターバッチ法とは、あらかじめ高濃度に着色したペレットを、ナチュラルペレットに混合して着色原料として使用する方法である。

13 アニーリングとは、射出成形時に発生するストレスクラッキングの原因となる残留応力の除去などを目的として行うものである。

[A群(真偽法)]

14 1個20gの成形品を4500個得るのに不良品が500個発生した。また、これに要した成形材料は100kgであった。この場合の不良率は10%、歩留り率は95%である。

15 アキュームレーターの働きの一つとして、油圧ポンプで発生したエネルギーの蓄積がある。

16 油圧駆動と電動駆動を組み合わせた射出成形機は、ハイブリッド式射出成形機と呼ばれる。

17 電動式射出成形機には、保守点検が比較的簡単で大容量化が可能なACサーボモータが多用されている。

18 次の機器とその機能の組合せは、いずれも正しい。

[機器]	[機能]
(1) ホッパローダ	材料の自動供給
(2) ベント式射出装置	可塑化中に発生するガスの除去
(3) 重量式落下確認装置	金型の安全確認

19 エジェクタスリーブは、金型の突出し機構の部品の一種で、成形品の穴付きボスなどを突き出す場合に使用される。

20 金型の冷却水用ニップルの取り付けねじには、メートル並目ねじが用いられている。

21 成形材料に導電性を与えるには、カーボンブラック、金属繊維、炭素繊維などを混合するとよい。

22 インサート金具とプラスチックとは熱膨張係数が異なるため、インサート周辺にクラックが生じることがある。

23 ABS樹脂の接着にドープセメントを用いると、溶剤だけで接着した場合に比べて肉やせが少ない。

24 次の成形材料とその略号との組合せは、いずれも正しい。

[成形材料]	[略号]
(1) ポリフェニレンスルフィド	PBT
(2) ポリブチレンテレフタレート	PPS
(3) ポリエチレンテレフタレート	PET

25 家庭用品品質表示法関係法令によれば、プラスチック製の文房具、玩具及び楽器は、いずれも品質表示を行わなければならない。

[B群(多肢択一法)]

1 射出圧力の算出として正しいものは、次のうちどれか。ただし、射出圧力をP、油圧をP_0、射出ラム断面積をA、スクリュー断面積をA_0とする。

    イ　$P=P_0 \times A_0/A$

    ロ　$P=A \times A_0/P_0$

    ハ　$P=P_0 \times A/A_0$

    ニ　$P=A \times A_0 \times P_0$

2 射出成形条件と成形品の品質に関する記述として、誤っているものはどれか。

    イ　ABS樹脂成形でジェッティングの対策として、充てん速度を低速にするとよい。

    ロ　ABS樹脂成形でガス焼けは、射出速度の重要度が高い。

    ハ　ABS樹脂成形で金型温度を高くすると、フローマークは目立ちにくくなる。

    ニ　ひけ防止対策の成形条件は、保圧を低くし保圧時間も短くするとよい。

3 成形作業中の加水分解を防ぐ目的で、予備乾燥が必要な成形材料はどれか。

    イ　ABS樹脂

    ロ　PBT

    ハ　AS

    ニ　PE

4 材料替えに関する記述として、誤っているものはどれか。

    イ　パージ材は、スクリュー、シリンダなどとのはく離性のよいものを選ぶ。

    ロ　次に成形する材料を考えてパージ材を選ぶ。

    ハ　成形する材料をパージ材として使用する場合、できるだけ粘度の低いものを選ぶ。

    ニ　パージ中は、適度に背圧をかける。

5 ABS樹脂成形品に生じる黒条の原因として、誤っているものはどれか。

    イ　射出速度が遅い。

    ロ　滞留時間が長い。

    ハ　シリンダ温度が高すぎる。

    ニ　スクリュー背圧が高すぎる。

6 GPPSの成形時の割れ防止対策として、適切でないものはどれか。

    イ　冷却時間を長くする。

    ロ　金型温度を上げる。

    ハ　シリンダ温度を上げる。

    ニ　保圧を下げ、保圧時間を短くする。

[B群(多肢択一法)]

7　二次加工に関する記述として、誤っているものはどれか。
　　イ　パッド印刷は、曲面の印刷に多用されている。
　　ロ　真空蒸着は、蒸着膜を厚くできるので簡単にははく離しない。
　　ハ　ホットスタンピングは、熱転写印刷の一種である。
　　ニ　シルクスクリーン印刷は、他の印刷方法に比較してインキの転移が多い。

8　文中の下線部のうち、誤っているものはどれか。
　　　　三次元測定器は、測定点検出器が互いに直角なX軸、Y軸、Z軸の各軸方向に移
　　　　　　　　　　　　　　　　　　　　　　　　　　イ
　　動し、空間座標を読みとることができる測定器であり、同軸度、直角度、表面粗
　　　　　　ロ　　　　　　　　　　　　　　　　　　　　　　ハ　　　　　ニ
　　さや形状の複雑な測定対象物を能率よく測定できる万能型測定器である。

9　材料の着色剤及び着色法に関する記述として、誤っているものはどれか。
　　イ　着色ペレット法は、着色剤の分散が最も優れている。
　　ロ　顔料は、プラスチックに溶けず、微結晶粒子が拡散した形で着色する。
　　ハ　一般に、染料は不透明な成形品の着色に用いられる。
　　ニ　ドライカラーリング法は、ABS樹脂の着色に用いられる。

10　下図の成形品の質量として最も近いものはどれか。ただし、比重は1.2、π＝3.14と
　　する。

　　　イ　30g
　　　ロ　36g
　　　ハ　48g
　　　ニ　60g

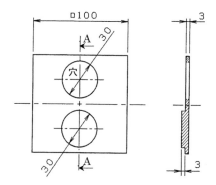

A‐A断面
(単位：mm)

[B群(多肢択一法)]

11 サックバック装置に関する記述として、誤っているものはどれか。
　　イ　サックバック装置は、成形材料の計量が完了した後、スクリューを後退させて、ノズルから鼻たれ(ドルーリング)を防止することを目的としている。
　　ロ　サックバック装置は、計量を安定させるために使用される。
　　ハ　サックバック装置を装備した射出成形機には、オープンノズルが使用される。
　　ニ　サックバック量が多い場合、シルバーストリークの発生原因になることがある。

12 電動射出成形機に関する記述として、誤っているものはどれか。
　　イ　全電動射出成形機のサーボモータは、6か月に1回程度のグリース補給が必要である。
　　ロ　全電動射出成形機の射出装置におけるモータの回転運動は、ボールねじ等を介して直進運動に変換される。
　　ハ　全電動射出成形機の動作は、クローズドループ制御が一般的である。
　　ニ　全電動射出成形機の型締機構は、トグル式が多い。

13 日本工業規格(JIS)によれば、下図に示す圧力制御弁のうち、減圧弁はどれか。

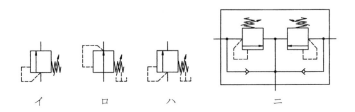

　　　　イ　　　　　　　ロ　　　　　　　ハ　　　　　　　　　　ニ

14 下図の回路のときの電流計Ⓐが示す電流値として、正しいものはどれか。
　　イ　3アンペア
　　ロ　5アンペア
　　ハ　6アンペア
　　ニ　8アンペア

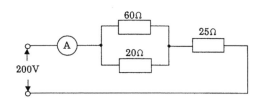

15 文中の下線部のうち、誤っているものはどれか。
　　クローズドループ制御とは、現在値を検出してフィードバックし、目標値との
　　　　　　　　　　　　　　　　イ　　　　　　　　ロ
　間に制御偏差が生じると、制御装置が補正動作を行う制御方式で、シーケンス制
　　　　　　　　　　　　　　　　ハ　　　　　　　　　　　　　　　　ニ
　御ともいう。

［B群(多肢択一法)］

16 成形材料の混合・混練に使用される装置として、誤っているものはどれか。
  イ　ブレンドローダー
  ロ　磁気セパレーター
  ハ　ニーダー
  ニ　ミキサー

17 金型構造に関する記述として、正しいものはどれか。
  イ　ダイレクトゲート方式の金型は、3プレート構造である。
  ロ　ストリッパ突出し方式の金型では、サポートピラを用いる必要がない。
  ハ　ストリッパ突出し方式の金型では、スペーサブロックのない形式もある。
  ニ　ホットランナ方式の金型には、ランナストリッパが必要である。

18 文中の(　　)内に入る語句として、適切なものはどれか。
  金型の固定側型板と可動側型板の相互の位置を正確に決めるために(　　)が使われる。
  イ　テーパーロック
  ロ　スプルーロックピン
  ハ　ランナーロックピン
  ニ　エジェクタガイドピン

19 日本工業規格(JIS)の「モールド用サポートピラ」に関する記述として、誤っているものはどれか。
  イ　直径の寸法公差の幅は、全長の寸法公差よりも狭い。
  ロ　サポートピラの表示は、規格名称、規格番号、種類又はその記号、外径及び長さを表示しなければならない。
  ハ　形状は、A形及びB形の2種類がある。
  ニ　外径寸法は、$\phi25\sim\phi80$までの6種類がある。

20 プラスチック用金型の取扱いと保管に関する記述として、誤っているものはどれか。
  イ　金型を長期間保管する場合、防錆剤としてグリースオイルは適さない。
  ロ　長期間連続成形する場合でも、定期的な点検が必要である。
  ハ　成形品のばりは次第に大きくなるので、早めに金型を修理しなければならない。
  ニ　ランナロックピンのアンダーカットが摩耗すると、ランナは取り出しやすくなる。

21 文中の(　)内に入る語句として、適切なものはどれか。

　　熱可塑性プラスチックの衝撃強さはアイゾット衝撃値で表すが、最も高い値の材料は(　)である。

　イ　PC
　ロ　PMMA
　ハ　変性PPE
　ニ　AS樹脂

22 次のプラスチックのうち、密度が最も高いものはどれか。

　イ　POM
　ロ　ABS樹脂
　ハ　PPE
　ニ　PC

23 日本工業規格(JIS)におけるポリエチレンの材料試験方法として、対象とならないものはどれか。

　イ　MFR
　ロ　引裂試験
　ハ　引張試験
　ニ　曲げ試験

24 日本工業規格(JIS)の製図における寸法線で、弧の長さを示すものとして、正しいものはどれか。

　　　イ　　　　　　　　ロ　　　　　　　　ハ　　　　　　　　ニ

25 文中の(　)内に入る数値として、正しいものはどれか。

　　振動規制法の特定施設に指定されているエアコンプレッサの原動機の定格出力は、(　)kW以上である。

　イ　5.5
　ロ　6.5
　ハ　7.5
　ニ　8.5

平成31年度 技能検定
2級 プラスチック成形 学科試験問題
(インフレーション成形作業)

1. 試験時間　1時間40分

2. 問題数　50題(A群25題、B群25題)

3. 注意事項

(1)　係員の指示があるまで、この表紙はあけないでください。

(2)　答案用紙(真偽法と多肢択一法の併用)に検定職種名、作業名、級別、受検番号、氏名を必ず記入してください。

(3)　係員の指示に従って、問題数を確かめてください。それらに異常がある場合は、黙って手を挙げてください。問題はA群(真偽法)とB群(多肢択一法)とに分かれています。

(4)　試験開始の合図で始めてください。

(5)　解答の方法(真偽法と多肢択一法の併用)は次のとおりです。

イ．A群の問題(真偽法)は、一つ一つの問題の内容が正しいか、誤っているかを判断して解答してください。

ロ．B群の問題(多肢択一法)は、正解と思うものを一つだけ選んで、解答してください。二つ以上に解答した場合は誤答となります。

ハ．答案用紙(マークシート用紙)へ解答する際は、答案用紙に記載されている注意事項に従ってください。

ニ．答案用紙の解答欄は、A群の問題とB群の問題とでは異なります。所定の解答欄に、試験問題の題数に応じて解答してください。解答欄はA群は50題まで、B群は25題まで解答できるようになっています。

(6)　電子式卓上計算機その他これと同等の機能を有するものは、使用してはいけません。

(7)　携帯電話等は、使用してはいけません。

(8)　試験中、質問があるときは、黙って手を挙げてください。ただし、試験問題の内容、漢字の読み方等に関する質問にはお答えできません。

(9)　試験終了時刻前に解答ができあがった場合は、黙って手を挙げて、係員の指示に従ってください。

(10)　試験中に手洗いに立ちたいときは、黙って手を挙げて、係員の指示に従ってください。

(11)　試験終了の合図があったら、筆記用具を置き、係員の指示に従ってください。

1 家庭用シャンプーのプラスチック容器は、一般に、ブロー成形で造られる。

2 熱硬化性樹脂成形品は、加熱しても溶融変形しない。

3 1200Wのヒータを5時間使用した場合の電力量は、60kWhである。

4 パレート図とは、項目別に層別して、出現度数の小さい順に棒グラフで示したものをいう。

5 労働安全衛生関係法令によれば、対地電圧が150ボルトをこえる移動式電動機械器具については、漏電による感電の危険を防止するため、当該電動機械器具が接続される電路に、当該電路の定格に適合し、感度が良好であり、かつ、確実に作動する感電防止用漏電しゃ断装置を接続しなければならない。

6 2種2層フィルムとは、2台の押出機から同一の樹脂を押し出して2層ダイで成形したフィルムをいう。

7 IPPは、下向き空冷インフレーション法で成形される。

8 インフレーションフィルムを成形する場合、フィルムの引取速度が変動すると、折径も変動する。

9 LDPEのインフレーション成形において、成形温度を低くすると、フィルムの透明性が悪くなる。

10 LDPEのインフレーション成形において、ピンチラバーロールの硬度が高すぎると、フィルムの折目強度が低下することがある。

11 バブルの冷却が不十分な場合、安定板を通過する際に、フィルムにしわが生じることがある。

12 LDPEのインフレーション成形において、樹脂温度が高すぎると、成形されたフィルムはブロッキングを起こしやすくなる。

13 LDPEのインフレーション成形において、透明性の良いフィルムを得たいときは、MFRが大きい樹脂を選択するとよい。

14 ヒートシールを行う場合、主要な条件は、温度、加圧力及び時間である。

15 表面処理度(ぬれ張力)は、一般に、コロナ放電処理後、時間が経過しても変化しない。

[A群(真偽法)]

16 サーフェスワインダは、長尺フィルムの巻取りには適しているが、広幅フィルムの巻取りには適していない。

17 スクリーンパックが目詰まりを起こすと、ブレーカプレート直後の樹脂圧力が上昇する。

18 押出機で使用されているシリンダの加熱方式は、一般に、抵抗電熱式である。

19 溶融粘度が低い樹脂に使用している、押出機のスラストベアリングの寿命は、一般に、短い。

20 アンチブロッキング剤は、フィルムの開口性を良くするために添加される。

21 エチレン・酢酸ビニル共重合樹脂において、酢酸ビニル含有量が多いほど、フィルムの剛性(腰の強さ)は大きくなる。

22 日本工業規格(JIS)によれば、ポリプロピレン成形用及び押出用材料における、MFRの測定温度は、230℃と規定されている。

23 日本工業規格(JIS)において、食品包装用プラスチックフィルムに関する規定はない。

24 日本工業規格(JIS)の「製図－寸法及び公差の記入方法」によれば、図面に記入する寸法(長さ)の単位は、原則としてセンチメートルで表す。

25 騒音規制関係法令によれば、指定の地域において、空気圧縮機などの設備を持つ特定工場は、住民の生活環境を守るため、時間帯によって、ある大きさ以上の音を出さないように規制されている。

1 共押出フィルム成形法に関する記述として、誤っているものはどれか。
    イ 各層に、異なる色を付けることができる。
    ロ 貼合せ困難な極薄フィルムの複合化が、可能である。
    ハ 樹脂の組合せに関わらず、各樹脂間で十分な接着強度が得られる。
    ニ トリミングロスの回収再使用が、困難な場合が多い。

2 成形中に条件が次のように変わった場合、フロストラインが高くなるものはどれか。
    イ 押出樹脂量が低下した場合
    ロ 冷却エア温度が低くなった場合
    ハ 冷却エア量が多くなった場合
    ニ 押出樹脂温度が高くなった場合

3 バブル直径を求める計算式として、正しいものはどれか。
    イ バブル直径＝折径×2÷π
    ロ バブル直径＝折径×π÷2
    ハ バブル直径＝折径×π×2
    ニ バブル直径＝折径÷π÷2

4 LDPEフィルム成形において、フロストラインが高すぎるときに起こる現象として、当てはまらないものはどれか。
    イ 偏肉が大きくなる。
    ロ 折径が不安定になる。
    ハ バブルの膜切れが多発する。
    ニ ブロッキングが発生する。

5 バブルの傾きに関する記述として、誤っているものはどれか。
    イ バブル冷却エア量が少ないほうに片寄る。
    ロ ピンチロール押し圧力が高いほうに片寄る。
    ハ フィルムが厚いほうに片寄る。
    ニ ピンチラバーロール径が大きいほうに片寄る。

6 文中の(　　)内に当てはまる語句として、適切なものはどれか。
    ポリエチレンのインフレーションフィルムは、一般に、時間が経過すると成形直後より(　　)。
    イ 長さ方向が長くなり、幅方向は狭くなる
    ロ 長さ方向が短くなり、幅方向は狭くなる
    ハ 長さ方向が長くなり、幅方向は広くなる
    ニ 長さ方向が短くなり、幅方向は広くなる

[B群(多肢択一法)]

7 PEフィルムが帯電したときに起こる現象として、誤っているものはどれか。
  イ 蓄積された電位が高くなると、自己放電を起こす。
  ロ 紙管巻きのときに、周期的な巻振れを起こす。
  ハ 印刷を行うと、印刷汚れが発生する。
  ニ 製袋直後の袋に、不揃いが発生する。

8 フィルムの透明性を表す尺度として、正しいものはどれか。
  イ ヘイズ
  ロ グロス
  ハ ニュートン
  ニ ルクス

9 次のうち、ピンホールの発生原因とならないものはどれか。
  イ 材料への異物混入
  ロ ホッパ下部の材料のブリッジング
  ハ スクリーンパックの破損
  ニ 熱劣化樹脂の混入

10 センタードライブワインダに関する記述として、誤っているものはどれか。
  イ 駆動モータの変速範囲は、引取機用モータと同程度である。
  ロ 駆動モータは、紙管軸を駆動している。
  ハ 細かい張力調整が可能である。
  ニ タッチロールを使用している。

11 下図のスクリューに関する記述として、誤っているものはどれか。

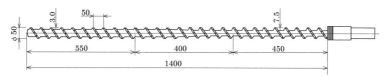

  イ スクリューの有効長さは、1400mmである。
  ロ スクリューのL／Dは、28である。
  ハ 圧縮比は、3.0である。
  ニ 押出機のサイズは、50mmである。

12 エアリングに関する不具合のうち、偏肉の原因とならないものはどれか。
  イ 上部リング吹出し口外側部の打ち傷
  ロ エアリング内部の汚れ
  ハ 部分的エアもれ
  ニ 特定ホースのつぶれ

13 静電除去装置の組付け位置として、製品への効果が高いものはどれか。
 イ 第1ピンチロールの直後
 ロ 表面処理装置の直後
 ハ 巻取軸の直前
 ニ 巻取ピンチロールの直前

14 シリンダのサーモカップルの差込みが不完全な場合に起こる、シリンダ温度に関する記述として、適切なものはどれか。
 イ 設定温度より高くなる。
 ロ 設定温度まで上がらない。
 ハ 全く変化しない。
 ニ 上下して安定しない。

15 押出しむらの原因として、誤っているものはどれか。
 イ モータの回転速度が変動している。
 ロ 押出樹脂圧力が変動している。
 ハ シリンダ温度が大きく変動している。
 ニ スクリュー外径が摩耗している。

16 下図のうち、中心軸駆動巻取機におけるタッチロールの組み方として、適切なものはどれか。

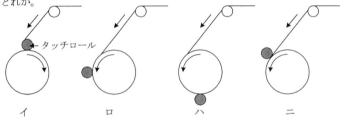

    イ   ロ   ハ   ニ

17 文中の下線で示す部分のうち、誤っているものはどれか。
  ダイロータリ装置を使用する目的は、<u>厚さ精度を良くして</u>、<u>巻きこぶをなく</u>
           イ   ロ
 <u>し</u>、<u>たるみを減少させ</u>、<u>巻き径差を小さくする</u>ためである。
    ハ   ニ

18 ポリエチレンの密度が高くなることによるフィルムの性質の変化に関する記述として、誤っているものはどれか。
 イ 腰が強くなる。
 ロ 軟化温度が高くなる。
 ハ ガス透過度が大きくなる。
 ニ 透明性が悪くなる。

[B群(多肢択一法)]

19　文中の下線で示す部分のうち、誤っているものはどれか。
　　　　ポリプロピレンフィルムには、<u>無延伸フィルム</u>であるIPP、<u>一軸延伸フィルム</u>
　　　　　　　　　　　　　　　　イ　　　　　　　　　　　　　ロ
　　　であるCPP、<u>インフレーション法二軸延伸フィルム</u>であるIOP、<u>テンター法二軸</u>
　　　　　　　　　ハ　　　　　　　　　　　　　　　　　　　　　　ニ
　　　<u>延伸フィルム</u>であるOPPなどがある。

20　LLDPEフィルムを同じ密度のLDPEと比べたときの性質として、誤っているものは
　　どれか。
　　　イ　引張強さが小さい。
　　　ロ　衝撃強さが大きい。
　　　ハ　耐ストレスクラッキング性(ESCR)に優れる。
　　　ニ　ヒートシール時のホットタック性が良好である。

21　文中の(　　)内に当てはまる語句として、適切なものはどれか。
　　　　PVCフィルムは、(　　)の量を変えることにより、硬質フィルムから軟質フィ
　　ルムまで造ることができる。
　　　イ　滑剤
　　　ロ　安定剤
　　　ハ　可塑剤
　　　ニ　帯電防止剤

22　ポリプロピレンフィルムの種類とその用途の組合せとして、誤っているものはどれ
　　か。
　　　　[種類]　　　[用途]
　　　イ　IOP　　収縮包装
　　　ロ　IPP　　ストレッチフィルム
　　　ハ　CPP　　シーラントフィルム
　　　ニ　OPP　　ラミネートフィルム基材

23　各種プラスチックフィルムの種類とその特徴の組合せとして、誤っているものはど
　　れか。
　　　　[種類]　　　　　　　　[特徴]
　　　イ　PETフィルム　　　　耐熱性が良い。
　　　ロ　PVCフィルム　　　　高周波シール性が良い。
　　　ハ　アイオノマーフィルム　ピンホールができにくい。
　　　ニ　PAフィルム　　　　　防湿性が良い。

[B群(多肢択一法)]

24 HDPEフィルムに関する記述として、誤っているものはどれか。
イ　ブロッキングしにくいのは、樹脂の結晶性が高いためである。
ロ　滑り性が良いのは、滑剤が添加されているためである。
ハ　白っぽく見えるのは、フィルムの表面が荒れているためである。
ニ　ポリエチレンの中で、耐熱性が最も優れている。

25 日本工業規格(JIS)の「機械製図」における、線の種類とその用途による名称の組合せとして、誤っているものはどれか。

	[線の種類]	[用途による名称]
イ	太い実線	外形線
ロ	細い破線又は太い破線	かくれ線
ハ	細い二点鎖線	中心線
ニ	細い実線	寸法線

平成 30 年度 技能検定
2 級 プラスチック成形 学科試験問題
(インフレーション成形作業)

1. 試験時間　　1時間 40 分

2. 問題数　　　50 題(A 群 25 題、B 群 25 題)

3. 注意事項

(1)　　係員の指示があるまで、この表紙はあけないでください。

(2)　　答案用紙(真偽法と多肢択一法の併用)に検定職種名、作業名、級別、受検番号、氏名を必ず記入してください。

(3)　　係員の指示に従って、問題数を確かめてください。それらに異常がある場合は、黙って手を挙げてください。問題は A 群(真偽法)と B 群(多肢択一法)とに分かれています。

(4)　　試験開始の合図で始めてください。

(5)　　解答の方法(真偽法と多肢択一法の併用)は次のとおりです。

　　　イ．A 群の問題(真偽法)は、一つ一つの問題の内容が正しいか、誤っているかを判断して解答してください。

　　　ロ．B 群の問題(多肢択一法)は、正解と思うものを一つだけ選んで、解答してください。二つ以上に解答した場合は誤答となります。

　　　ハ．答案用紙(マークシート用紙)へ解答する際は、答案用紙に記載されている注意事項に従ってください。

　　　ニ．答案用紙の解答欄は、A 群の問題と B 群の問題とでは異なります。所定の解答欄に、試験問題の題数に応じて解答してください。解答欄は A 群は 50 題まで、B 群は 25 題まで解答できるようになっています。

(6)　　電子式卓上計算機その他これと同等の機能を有するものは、使用してはいけません。

(7)　　携帯電話等は、使用してはいけません。

(8)　　試験中、質問があるときは、黙って手を挙げてください。ただし、試験問題の内容、漢字の読み方等に関する質問にはお答えできません。

(9)　　試験終了時刻前に解答ができあがった場合は、黙って手を挙げて、係員の指示に従ってください。

(10)　試験中に手洗いに立ちたいときは、黙って手を挙げて、係員の指示に従ってください。

(11)　試験終了の合図があったら、筆記用具を置き、係員の指示に従ってください。

[A群(真偽法)]

1 熱可塑性樹脂の射出成形では、樹脂を加熱して軟化溶融させ、金型に圧入して冷却する。

2 一般に、PEは吸湿性が小さい。

3 消費電力500Wの装置を200Vで使用した場合は、5Aの電流が装置に流れる。

4 品質管理の管理サイクルは、P(計画)→D(実施)→A(アクション)→C(チェック)の順序で行われる。

5 労働安全衛生法関係法令では、作業場の明るさ(照度)について、基準は定めていない。

6 HMHDPEを用いて、ブロー比を3以上にして成形したフィルムは、レジ袋などに用いられている。

7 重包装袋用に使用されるフィルムには、一般に、MFRの小さい材料が使用される。

8 製品質量100kg、ロス質量5kgの場合のロス率は、5.0%である。

9 インフレーションフィルムを成形する場合、バブル冷却風量を多くしても、フィルムの折径は変わらない。

10 チューブ内に空気が入った状態で、コロナ放電による表面処理を行った場合、内面にも処理がかかることがある。

11 添加剤のブリード(浮出し)によって、成形後、フィルムの透明性が低下することがある。

12 スクリューが摩耗してシリンダとの隙間が大きくなった場合は、フィッシュアイが発生しやすい。

13 表面処理のかけ過ぎがあっても、フィルムの滑り性は変わらない。

14 ドライラミネート加工では、接着剤を使用しない。

15 チューブ内面に表面処理がかかった場合、製袋時のヒートシール性が悪くなることがある。

16 ダイリップギャップは、溶融樹脂粘度が高くなるに従って広くするのが一般的である。

[A群(真偽法)]

17　コロナ放電処理機の電極には、高電圧が使用されている。

18　押出機の減速機側のプーリの直径を小さくすると、スクリューの最高回転速度は低くなる。

19　二位置制御方式温度調節計における温度のハンチングを防止するためには、比例制御方式を用いるとよい。

20　PEの耐熱性は、密度が低いほどよい。

21　材料に滑剤を添加しても、成形したフィルムの印刷適性には影響しない。

22　日本工業規格(JIS)の成形用及び押出用のポリプロピレン材料の試験方法によれば、MFRの測定温度は190℃と規定されている。

23　日本工業規格(JIS)によれば、「プラスチックフィルム」とは、厚さが0.25mm未満のプラスチックの膜状のものをいう。

24　日本工業規格(JIS)の機械製図によれば、対象物の見えない部分の形状を表すには、一点鎖線を用いる。

25　食品に直接接触する容器として使用するLDPE製品は、食品衛生法に基づく検査に合格したものでなければならない。

1 インフレーション成形法がTダイ成形法よりも優れている点はどれか。
    イ　ラインスピード
    ロ　肉厚精度
    ハ　縦横の強度バランス
    ニ　透明性

2 フィルム用材料に関する記述として、正しいものはどれか。
    イ　LDPEは、密度が低くなるにつれて硬くなる。
    ロ　HDPEの融点は、LLDPEよりも高い。
    ハ　シュリンク包装用には、MFRの大きい樹脂が適している。
    ニ　LDPEは、121°Cのレトルト滅菌にも耐える。

3 文中の下線で示す部分のうち、誤っているものはどれか。
    フィルムの折径が大きいほど巻取張力を強くしないと、巻きぶれを起こし
                イ   ロ
やすく、薄物フィルムの張力を強くして巻き取ると横じわが発生し、フィルム
                                     ハ
の折径は小さくなることがある。
    ニ

4 コロナ表面処理に関する記述として、誤っているものはどれか。
    イ　放電エアーギャップは、3mm以内が望ましい。
    ロ　処理ロールの抱き込み角度は、100°以上であるのが重要である。
    ハ　電極がオゾンにより酸化し、処理効果を阻害することがある。
    ニ　均一放電になりにくい原因として、処理ラバーロールの肉厚差がある。

5 HMHDPEフィルムの成形において、引取速度を速くしてフィルム厚さを薄くした
ときのネック太さの変わり方として、正しいものはどれか。
    イ　太くなる。
    ロ　細くなる。
    ハ　変わらない。
    ニ　太くなることも細くなることもある。

6 バブルの傾きの発生原因として、誤っているものはどれか。
    イ　ピンチロール押し圧力の左右の違い。
    ロ　バブル冷却エア吹出し量が適正でない。
    ハ　エアリングの水平不良。
    ニ　フィルム左右の厚み差が大きい。

[B群(多肢択一法)]

7 インフレーションフィルム成形において、押出しむらの原因として、誤っているものはどれか。
 イ スクリュー外径の摩耗
 ロ 樹脂圧力の変動
 ハ 樹脂温度の大きいハンチング
 ニ スクリュー回転速度の変動

8 フィルムの肌あれを改善する方法として、適切なものはどれか。
 イ ダイリップ部の温度を下げる。
 ロ ダイリップギャップを広くする。
 ハ 押出量を増やす。
 ニ 樹脂温度を低くする。

9 フィルムの巻きぶれが発生する原因として、誤っているものはどれか。
 イ 第1ピンチロールの押し圧が強い。
 ロ 偏肉の片寄り
 ハ ガイドロールの平行不良
 ニ バブルの蛇行

10 巻き取るワインダーとして、サーフェスワインダーが適さない製品はどれか。
 イ 農業用ポリエチレンフィルム
 ロ ドライラミネート用フィルム
 ハ 重包装袋用原反
 ニ HMHDPEレジ袋用原反

11 押出機のシリンダ内面とスクリュー外面の表面硬度に関する記述として、正しいものはどれか。
 イ シリンダ内面の硬度のほうが高い。
 ロ スクリュー外面の硬度のほうが高い。
 ハ シリンダ内面及びスクリュー外面は、同じ硬度である。
 ニ 使用する樹脂によって表面硬度を決める。

12 EPCを使用する目的として、適切でないものはどれか。
 イ 巻取ロールの耳端をそろえる。
 ロ 耳の切落しロスを少なくする。
 ハ 巻取ロールの円周差を少なくする。
 ニ インライン印刷での位置をそろえる。

13 ダイランド部での溶融樹脂圧力損失に関する記述として、正しいものはどれか。

    イ　ダイリップギャップが狭くなると、圧力損失は小さくなる。
    ロ　ダイリップギャップが広くなると、圧力損失は小さくなる。
    ハ　ダイリップランドが長くなると、圧力損失は小さくなる。
    ニ　ダイリップランドが短くなると、圧力損失は大きくなる。

14 ダイロータリに関する記述として、誤っているものはどれか。

    イ　他の厚さむらの分散方式に比べて、コストが安い。
    ロ　押出機からダイまでの溶融樹脂の流路が、長くなる。
    ハ　使用するダイは、ボトムフィードダイに限られる。
    ニ　厚さむらの分散方式としては、最も有効である。

15 小型押出機における各ベアリングへの給油に関する記述として、正しいものはどれか。

    イ　給油の必要のないベアリングが使用されている。
    ロ　歯車の回転により、飛沫状にまき散らして給油している。
    ハ　減速機内部で、配管し給油している。
    ニ　減速機内へ、レベルマークを超えてオイルを入れる。

16 スクリューデザインの基本形の構成として、適切でないものはどれか。

    イ　供給部
    ロ　圧縮部
    ハ　混練部
    ニ　計量部

17 減速機オイルの交換又はろ過の時期として、適切なものはどれか。

    イ　1〜2年ごと
    ロ　8〜10年ごと
    ハ　定期的にサンプリング点検し、汚れていたとき
    ニ　異常音が発生したとき

18 樹脂のMFRに関する記述として、誤っているものはどれか。

    イ　MFRの小さいほうが分子量が大きい。
    ロ　MFRの大きいほうが引張り強さが大きい。
    ハ　MFRの大きいほうが流動性が良い。
    ニ　MFRの測定温度は、ポリエチレンとポリプロピレンでは異なる。

［B群(多肢択一法)］

19 樹脂の溶融張力に関する記述として、誤っているものはどれか。
　　イ　溶融張力は、MFRが大きくなると小さくなる。
　　ロ　インフレーション成形時のバブル安定性は、溶融張力が大きくなると良くなる。
　　ハ　溶融張力は、樹脂温度が下がると大きくなる。
　　ニ　MFRが同一の場合は、LLDPEのほうがLDPEよりも溶融張力が大きい。

20 HDPEフィルムに関する記述として、誤っているものはどれか。
　　イ　ブロッキングしにくいのは、アンチブロッキング剤が添加されているからである。
　　ロ　たるみが発生しやすいのは、結晶化速度が大きいためである。
　　ハ　白っぽく見えるのは、フィルムの表面が荒れているからである。
　　ニ　ポリエチレンの中で、最も耐熱性に優れている。

21 PEフィルムの衝撃強さに関する記述として、誤っているものはどれか。
　　イ　LDPEフィルムの衝撃強さは、MFRの大きいほうが強い。
　　ロ　LDPEフィルムの衝撃強さは、密度の低いほうが強い。
　　ハ　LLDPEフィルムの衝撃強さは、コモノマーの種類により大きく影響される。
　　ニ　LLDPEフィルムの衝撃強さは、測定温度に影響される。

22 補助材料とその効果の組合せとして、誤っているものはどれか。
　　　　［補助材料］　　　　　　　［効果］
　　イ　紫外線防止剤　　　　　　熱による酸化劣化を防止
　　ロ　充填剤　　　　　　　　　燃焼カロリーの低下
　　ハ　発泡剤　　　　　　　　　断熱性の付与
　　ニ　ブロッキング防止剤　　　開口性の良化

23 EVAフィルムの特徴として、誤っているものはどれか。
　　イ　酢酸ビニル含有量が増加するに従って柔軟となる。
　　ロ　耐寒性が優れている。
　　ハ　焼却すると塩素系ガスが発生する。
　　ニ　酢酸ビニル含有量が多いとブロッキングしやすい。

24 補助材料の添加方法において、マスターバッチ法がドライブレンド法よりも一般的である理由として、誤っているものはどれか。
　　イ　補助材料の分散が良好である。
　　ロ　ペレット同士の混合のため分級しにくい。
　　ハ　コスト面で有利である。
　　ニ　ブレンドするのに取り扱いやすい。

25 日本工業規格(JIS)による図面への寸法記入に関する記述として、正しいものはどれか。

イ 寸法数字は、ミリメートル単位を基準として記入し、mmの記号は省略することになっている。

ロ 寸法数字は、センチメートル単位を基準として記入し、cmの記号は省略することになっている。

ハ 寸法数字は、ミリメートル単位又はメートル単位を基準として記入し、それぞれmm、mの記号で表すことになっている。

ニ 寸法数字は、ミリメートル単位又はセンチメートル単位を基準として記入し、それぞれmm、cmの記号で表すことになっている。

平成 29 年度 技能検定
2 級 プラスチック成形 学科試験問題
(インフレーション成形作業)

1. 試験時間　　1 時間 40 分
2. 問題数　　　50 題(A 群 25 題、B 群 25 題)
3. 注意事項
   (1)　係員の指示があるまで、この表紙はあけないでください。
   (2)　答案用紙(真偽法と多肢択一法の併用)に検定職種名、作業名、級別、受検番号、氏名を必ず記入してください。
   (3)　係員の指示に従って、問題数を確かめてください。それらに異常がある場合は、黙って手を挙げてください。問題は A 群(真偽法)と B 群(多肢択一法)とに分かれています。
   (4)　試験開始の合図で始めてください。
   (5)　解答の方法(真偽法と多肢択一法の併用)は次のとおりです。
   　　イ．A 群の問題(真偽法)は、一つ一つの問題の内容が正しいか、誤っているかを判断して解答してください。
   　　ロ．B 群の問題(多肢択一法)は、正解と思うものを一つだけ選んで、解答してください。二つ以上に解答した場合は誤答となります。
   　　ハ．答案用紙(マークシート用紙)へ解答する際は、答案用紙に記載されている注意事項に従ってください。
   　　二．答案用紙の解答欄は、A 群の問題と B 群の問題とでは異なります。所定の解答欄に、試験問題の題数に応じて解答してください。解答欄は A 群は 50 題まで、B 群は 25 題まで解答できるようになっています。
   (6)　電子式卓上計算機その他これと同等の機能を有するものは、使用してはいけません。
   (7)　携帯電話等は、使用してはいけません。
   (8)　試験中、質問があるときは、黙って手を挙げてください。ただし、試験問題の内容、漢字の読み方等に関する質問にはお答えできません。
   (9)　試験終了時刻前に解答ができあがった場合は、黙って手を挙げて、係員の指示に従ってください。
   (10)　試験中に手洗いに立ちたいときは、黙って手を挙げて、係員の指示に従ってください。
   (11)　試験終了の合図があったら、筆記用具を置き、係員の指示に従ってください。

[A群(真偽法)]

1　一般に、家庭用シャンプーのプラスチック容器は、ブロー成形で造られる。

2　一般に、熱可塑性樹脂は、熱硬化性樹脂よりも、耐熱性、耐溶剤性が優れている。

3　300Wの電熱器と600Wの電熱器では、供給する電圧値が同じであれば、電熱器に流れる電流値は同じである。

4　抜取検査とは、検査ロットのすべての製品について行う検査をいう。

5　職場の5Sとは、整理、整頓、清掃、清潔、しつけ(習慣化)のことをいう。

6　高密度ポリエチレンフィルムは、防湿性を利用して焼き海苔の包装用として適している。

7　共押出成形法を用いると、一工程で複合フィルムを成形できる。

8　LDPEのインフレーション成形において、ブロッキングしフィルムの滑り不足が生じたので、フロストラインを上げるように調整した。

9　ピンチロールからエアーが漏れる原因の一つに、ピンチラバーロールの押し過ぎがある。

10　スクリーンパックの目詰まりがおきると、巻きぶれとして現れる。

11　HMHDPEフィルムの成形において、フィルムが縦裂けしやすくなった場合は、フロストラインを下げるとよい。

12　LDPEのインフレーション成形において、ピンチロールの左右の押し圧力が異なるとバブルは圧力が弱いほうに傾く。

13　バブル周辺の温度差は、フィルムのたるみの原因にはならない。

14　熱板式ヒートシールは、熱収縮しやすいフィルムのシールに適している。

15　一般に、表面処理度(ぬれ張力)は、処理後、時間が経過しても変化しない。

16　一般に、LLDPE用スクリューの圧縮比は、LDPE用スクリューよりも大きい。

17　バブル振れ止めを用いる高さは、常に一定でよい。

[A群(真偽法)]

18 押出機のスクリューの計量部とは、スクリュー先端寄りの溝深さが浅く、一定になっている部分のことをいう。

19 サーフェースワインダで巻取られたロールの巻きかたさは、センタードライブワインダで巻取られたロールよりもやわらかい。

20 農業用マルチフィルムには、LLDPEが多く使用されている。

21 HDPEフィルムの滑り性がよいのは、滑剤が含まれているからである。

22 日本工業規格(JIS)には、包装用ポリエチレンフィルムに関する規定がある。

23 日本工業規格(JIS)によれば、TダイフィルムはT字型のダイ(型)からシート状に押出成形したフィルムである。

24 日本工業規格(JIS)の機械製図によれば、図面に記入する寸法は、原則としてセンチメートル単位で表す。

25 家庭用品質表示法関連法令によれば、ポリエチレンフィルム製の袋(フィルムの厚さが0.05ミリメートル以下で、かつ、個装の単位が100枚未満のものに限る。)は、品質に関して表示すべき項目が定められている。

1 EVAのインフレーションフィルムの用途として、適切でないものはどれか。
 イ　レトルト包装用フィルム
 ロ　農業用フィルム
 ハ　シーラントフィルム
 ニ　重包装袋

2 LDPEを用いたインフレーション成形に関する記述として、正しいものはどれか。
 イ　高ブロー比で引取速度が遅いと、フィルムがブロッキングしやすい。
 ロ　高ブロー比で引取速度が速いと、バブルは蛇行しやすい。
 ハ　低ブロー比で引取速度が速いと、フィルムの折目強度不足となりやすい。
 ニ　低ブロー比で引取速度が遅いと、フィルムの透明性は向上しやすい。

3 バブル直径を求める計算式として、正しいものはどれか。
 イ　バブル直径＝折径×2÷π
 ロ　バブル直径＝折径×π÷2
 ハ　バブル直径＝折径×π×2
 ニ　バブル直径＝折径÷π÷2

4 次の記述中の( )内に入る語句として、適切なものはどれか。
 一般に、ポリエチレンのインフレーションフィルムは、時間が経過すると成形直後より( )。
 イ　長さ方向が長くなり、幅方向は狭くなる
 ロ　長さ方向が短くなり、幅方向も狭くなる
 ハ　長さ方向は長くなり、幅方向が広くなる
 ニ　長さ方向が短くなり、幅方向は広くなる

5 成形中に次のように条件が変わった場合、フロストラインが高くなるものはどれか。
 イ　押出樹脂量が低下した場合
 ロ　冷却エアー温度が低くなった場合
 ハ　冷却エアー量が多くなった場合
 ニ　押出樹脂温度が高くなった場合

6 HMHDPEフィルムの成形において、引取速度を速くして、フィルム厚さを薄くしたときのネック径の変化として、正しいものはどれか。
 イ　太くなる。
 ロ　細くなる。
 ハ　変わらない。
 ニ　太くなることも細くなることもある。

［B群(多肢択一法)］

7　縦裂けの発生原因として、当てはまらないものはどれか。
　　　　イ　ブロー比が小さい。
　　　　ロ　押出機で混練が不足している。
　　　　ハ　ダイリップギャップが広い。
　　　　ニ　引取速度が遅過ぎる。

8　ピンホールの発生原因にならないものはどれか。
　　　　イ　材料への異物混入
　　　　ロ　ホッパ下部の材料のブリッジング
　　　　ハ　スクリーンパックの破損
　　　　ニ　熱劣化樹脂の混入

9　フィルムの折目強度不足を改善する方法として、正しいものはどれか。
　　　　イ　成形温度を下げる。
　　　　ロ　成形温度を上げる。
　　　　ハ　成形速度を上げる。
　　　　ニ　ブロー比を小さくする。

10　スパイラルダイに関する記述として、誤っているものはどれか。
　　　　イ　800mm以上の大型ダイでは、一般に、ダイリップの直径のほうがマンドレル
　　　　　　の外径より大きい。
　　　　ロ　50mm以下の小型ダイでは、一般に、ダイリップの直径のほうがマンドレル
　　　　　　の外径より小さい。
　　　　ハ　ダイリップの直径は、常にマンドレルの外径と同じである。
　　　　ニ　スパイラルの条数は、マンドレルの外径によって変わる。

11　HMHDPEフィルムの成形に適している安定板はどれか。
　　　　イ　べた板式安定板
　　　　ロ　木製横さん式安定板
　　　　ハ　ロール式安定板
　　　　ニ　コロ式安定板

12　押出機スクリューの外周が摩耗し、シリンダ内面との隙間が大きくなったときに起
　　こる現象として、誤っているものはどれか。
　　　　イ　押出量が低下する。
　　　　ロ　押出変動が起きる。
　　　　ハ　ゲルが発生しやすくなる。
　　　　ニ　押出し樹脂温度が高くなる。

13 次の記述中の下線部のうち、誤っているものはどれか。
　　　自動反転巻取機、チューブレギュレータ、平均厚さ制御装置が組み込まれてい
　　る装置では、製品の折径、巻取り長さ、平均厚さ、偏肉が自動的に制御できる。
　　　　　　　　　　　　　　　イ　　　　ロ　　　　　ハ　　　　ニ

14 スクリューフライト外周部の耐摩耗性を持たせるための表面処理方法として、適切
　　でないものはどれか。
　　　イ　硬質クロムめっき
　　　ロ　窒化処理
　　　ハ　火焔焼入
　　　ニ　特殊合金の盛金

15 スラストベアリングの交換時期として、最も適切なものはどれか。
　　　イ　運転期間が1年経過したとき。
　　　ロ　点検時に異常音が発生し始めたとき。
　　　ハ　押出変動が発生し始めたとき。
　　　ニ　スクリューが回転しなくなったとき。

16 シリンダ等の温度調節に用いられる制御方式に関する記述として、誤っているもの
　　はどれか。
　　　イ　二位置制御は、ハンチングを起こしやすい。
　　　ロ　比例制御は、オーバーヒートを起こしやすい。
　　　ハ　PID制御は、オフセットを自動的に修復して正しい制御を行う。
　　　ニ　複合制御は、加熱と冷却の制御を行う。

17 チューブ耳端を制御する付属機器はどれか。
　　　イ　エッジポジションコントローラ
　　　ロ　チューブレギュレータ
　　　ハ　ブレンダ
　　　ニ　ペレタイザー

18 フィルム物性や樹脂物性に関する記述として、誤っているものはどれか。
　　　イ　フィルムを延伸すると、透明性がよくなる。
　　　ロ　溶融粘度の小さいほうが、衝撃強さが大きい。
　　　ハ　LDPEの密度が高くなると、融点も高くなる。
　　　ニ　分子量の小さいほうが、薄肉成形性がよい。

［B群(多肢択一法)］

19 文中の下線部のうち、誤っているものはどれか。
　　　ポリプロピレンフィルムには、下向水冷インフレーション法で成形される
　　　　　　　　　　　　　　　　　　　イ
　　IPP、Tダイ法で成形されるCPP、チューブラー法で延伸されるIOP及び
　　　　　ロ　　　　　　　　　　　　　　　ハ
　　一軸延伸法で成形されるOPPがある。
　　　　　ニ

20 LDPEの密度が高くなった時の物性の変化として、誤っているものはどれか。
　　イ　降伏強さが大きくなる。
　　ロ　衝撃強さが大きくなる。
　　ハ　引張弾性率が大きくなる。
　　ニ　融点が高くなる。

21 ポリエチレンのMFRに関する記述として、誤っているものはどれか。
　　イ　MFRの小さい方が、溶融張力が大きい。
　　ロ　MFRの測定温度は、230℃である。
　　ハ　LDPEフィルムでは、MFRの大きい方が透明性がよい。
　　ニ　MFRの小さい方が、分子量が大きい。

22 次の記述中の(　　)内に入る語句として、適切なものはどれか。
　　　ポリ塩化ビニル(PVC)フィルムは、(　　)の量を変えることにより、硬質フィル
　　ムから軟質フィルムまで造ることができる。
　　イ　滑剤
　　ロ　安定剤
　　ハ　可塑剤
　　ニ　帯電防止剤

23 各種プラスチックフィルムの種類と特徴の組合せとして、誤っているものはどれ
　　か。
　　　　　　［種類］　　　　　　　　　　［特徴］
　　イ　ポリエステルフィルム　　　　耐熱性がよい。
　　ロ　ポリ塩化ビニルフィルム　　　高周波シール性がよい。
　　ハ　アイオノマーフィルム　　　　ピンホールができにくい。
　　ニ　ポリアミドフィルム　　　　　防湿性がよい。

24 次の記述中の(　　)内に入る語句として、正しいものはどれか。

　　　　ポリプロピレンフィルムは、LDPEフィルムに比べて、(　　　)。

　　イ　透明性が悪い

　　ロ　腰が強い

　　ハ　耐熱性が低い

　　ニ　防湿性が劣る

25 日本工業規格(JIS)による、機械図面に使用される線の種類及び用途による名称の組合せとして、誤っているものはどれか。

　　　　　［線の種類］　　　　　　　［用途による名称］

　　イ　太い実線　　　　　　　　　　外形線

　　ロ　細い破線又は太い破線　　　　かくれ線

　　ハ　細い二点鎖線　　　　　　　　中心線

　　ニ　細い実線　　　　　　　　　　寸法線

平成 31 年度 技能検定
1 級 プラスチック成形 学科試験問題
(インフレーション成形作業)

1. 試験時間　1 時間 40 分

2. 問題数　　50 題(A 群 25 題、B 群 25 題)

3. 注意事項

　(1)　係員の指示があるまで、この表紙はあけないでください。

　(2)　答案用紙(真偽法と多肢択一法の併用)に検定職種名、作業名、級別、受検番号、氏名を必ず記入してください。

　(3)　係員の指示に従って、問題数を確かめてください。それらに異常がある場合は、黙って手を挙げてください。問題は A 群(真偽法)と B 群(多肢択一法)とに分かれています。

　(4)　試験開始の合図で始めてください。

　(5)　解答の方法(真偽法と多肢択一法の併用)は次のとおりです。

　　イ．A 群の問題(真偽法)は、一つ一つの問題の内容が正しいか、誤っているかを判断して解答してください。

　　ロ．B 群の問題(多肢択一法)は、正解と思うものを一つだけ選んで、解答してください。二つ以上に解答した場合は誤答となります。

　　ハ．答案用紙(マークシート用紙)へ解答する際は、答案用紙に記載されている注意事項に従ってください。

　　ニ．答案用紙の解答欄は、A 群の問題と B 群の問題とでは異なります。所定の解答欄に、試験問題の題数に応じて解答してください。解答欄は A 群は 50 題まで、B 群は 25 題まで解答できるようになっています。

　(6)　電子式卓上計算機その他これと同等の機能を有するものは、使用してはいけません。

　(7)　携帯電話等は、使用してはいけません。

　(8)　試験中、質問があるときは、黙って手を挙げてください。ただし、試験問題の内容、漢字の読み方等に関する質問にはお答えできません。

　(9)　試験終了時刻前に解答ができあがった場合は、黙って手を挙げて、係員の指示に従ってください。

　(10)　試験中に手洗いに立ちたいときは、黙って手を挙げて、係員の指示に従ってください。

　(11)　試験終了の合図があったら、筆記用具を置き、係員の指示に従ってください。

[A群(真偽法)]

1 次の(1)〜(3)は、成形法とその製品又は品質に関する用語の組合せとして、いずれも正しい。

[成形法]	[用語]
(1) カレンダ成形	圧延シート
(2) ブロー成形	内容積
(3) 真空成形	厚さ分布

2 スーパーエンジニアリングプラスチックには、PES、PI、PA6、PEEK等がある。

3 250Wのヒータを10時間使用した場合の電力量は、25kWhである。

4 *np* 管理図とは、群の大きさに対する不適合品数の割合を用いて、工程を管理するための図のことをいう。

5 電気火災には、消防法関係法令で定める下図の絵表示の消火器を使用するとよい。

6 双頭式インフレーション成形法は、2台以上の押出機を使用して多層フィルムを成形する方法である。

7 共押出成形における樹脂の組合せは、全ての熱可塑性樹脂に適用できる。

8 インフレーション成形で、同じ厚さのLDPEフィルムを成形する場合、ブロー比を大きくしても透明性は変わらない。

9 コロナ放電による表面処理度は、一般に、フィルムの単位面積当たりの放電電力に左右される。

10 材料袋の紙くずが成形材料に混入した場合、スクリーンパックでろ過されるため、フィルムにフィッシュアイは発生しない。

11 フィルムの縦方向に厚さのむらが生じる原因の一つには、スクリュー先端部の樹脂圧力の変動があげられる。

12 カラーマスターバッチの配合率が極少で着色むらが発生する場合は、濃度が低いカラーマスターバッチを使用したほうがよい。

13 ダイリップギャップに対して、ランド長が長いダイを使用すると、フィルムに肌あれが生じることがある。

[A群(真偽法)]

14 HDPEフィルムを短区間で一軸延伸すると、透明性が向上する。

15 蒸着フィルムの製造は、一般に、高真空容器内で行われる。

16 長尺巻サーフェイスワインダでは、巻取中の製品質量の大半は、駆動ロールが受けている。

17 HMHDPEフィルムをチューブ状で巻き取る場合は、フラットエキスパンダロールより、湾曲型エキスパンダロールのほうが適している。

18 メタリング部での溶融樹脂の流れは、推進流、背圧流及び漏洩流に大別される。

19 スクリューの圧縮比(CR)は、供給部と計量部それぞれの1ピッチ当たりの溝の容積比である。

20 LDPEフィルムの透明性は、一般に、樹脂のMFRが小さいほどよい。

21 EVOHフィルムは、水蒸気以外の気体の透過性が小さい。

22 日本工業規格(JIS)において、ポリエチレンフィルムのぬれ張力を測定する方法が定められている。

23 日本工業規格(JIS)によれば、包装用ポリエチレンフィルムの厚さ測定に使用するダイヤルゲージには、加圧荷重が定められている。

24 日本工業規格(JIS)によれば、図面上で半径を表す場合、寸法数値の前に寸法補助記号「φ」を付ける。

25 家庭用品品質表示法関係法令では、PEフィルム製品における一定の場合の品質に関し表示すべき事項として、耐冷温度が定められている。

[B群(多肢択一法)]

1 インフレーションフィルム成形法の特徴に関する記述として、誤っているものはどれか。
    イ 縦横の強度バランスがとれたフィルムを得やすい。
    ロ 広幅のフィルムを成形しやすい。
    ハ フィルム幅の変更が容易である。
    ニ 空冷式でも良好な透明性が得られる。

2 LDPEフィルムの成形において、一般に、バブルが振動を起こす原因とならないものはどれか。
    イ 樹脂温度が高すぎること。
    ロ バブル引取速度が速すぎること。
    ハ バブル冷却エア吹出し角度が適正でないこと。
    ニ バブル冷却エア量が多すぎること。

3 インフレーション成形において、フロストラインの高さが不均一になる原因として、誤っているものはどれか。
    イ 安定板の開き角度が、バブル径に対して大きすぎること。
    ロ ダイリップから押し出される溶融樹脂に、温度むらがあること。
    ハ バブル周辺の雰囲気に、温度差があること。
    ニ エアリングに、水平不良があること。

4 LDPEフィルムの成形において、ブロー比を1.8から2.5に変えた場合の成形条件として、一般に、調整を必要としないものはどれか。
    イ フロストラインの高さ
    ロ 引取速度
    ハ バブル冷却エア量
    ニ 成形樹脂温度

5 文中の下線で示す部分のうち、誤っているものはどれか。
        スクリーンパックが目詰まりを起こすと、スクリーンパック後の圧力が上が
                                                    イ
    り、押出樹脂量が減少し、フロストラインが下がり、フィルムの厚さが薄くな
        ロ   ハ   ニ
    る。

6 コロナ放電処理において、フィルムに処理むらが発生する原因として、誤っているものはどれか。
    イ 放電電極の変形
    ロ 処理ロールラバーの厚さむら
    ハ ガイドロールの回転むら
    ニ 処理ロールの偏芯回転

[B群(多肢択一法)]

7 横方向の偏肉の発生原因として、誤っているものはどれか。
    イ　スクリーンパックの破損(穴あき)
    ロ　押出樹脂量の変動
    ハ　バブル周辺の温度差
    ニ　バブルの傾き

8 ブロッキングの発生を防止する方法として、誤っているものはどれか。
    イ　押出量を減らす。
    ロ　再ブローを行う。
    ハ　バブル冷却エア温度を下げる。
    ニ　エアリングのリップ開度を狭める。

9 LDPEフィルムの縦裂けを改善する方法として、適切なものはどれか。
    イ　リップギャップを広くする。
    ロ　成形樹脂温度を高くする。
    ハ　引取速度を速くする。
    ニ　フロストラインを低くする。

10 計量部の溝が深いスクリューを使用した場合に関する記述として、一般に、適切な
   ものはどれか。
    イ　樹脂温度が高くなりやすい。
    ロ　混練状態が良くなる。
    ハ　背圧による押出量の低下の割合が少なくなる。
    ニ　溶融粘度が高い樹脂に適している。

11 次のうち、ゲル発生の原因とならないものはどれか。
    イ　スクリュー外径の摩耗
    ロ　押出機メインモータにおけるベルトの極度のゆるみ
    ハ　スクリューフィード部での融着
    ニ　ダイジョイントとダイの流路の段差

12 文中の下線で示す部分のうち、誤っているものはどれか。
    　一般に、LLDPEは、溶融張力が高いので、フィルム成形時にバブルが不安定
    　　　　　　　　　　　　イ　　　　　　　　　　　　　　　ロ
    になりやすいため、ブロー比が3.5程度のバブルを安定させることを目的として、
    　　　　　　　　　　　ハ　　　　　　　　ニ
    多段吹出口のエアリングが多く使用される。

[B群(多肢択一法)]

13 スクリュー外径が摩耗したときの状況として、一般に、適切でないものはどれか。
  イ 漏えい流が多くなる。
  ロ 推進流が少なくなる。
  ハ 押出量が少なくなる。
  ニ 溶融樹脂温度が低くなる。

14 次のうち、押出機のスラストベアリングの寿命が長くなるものはどれか。
  イ スクリューの回転速度を上げる。
  ロ ダイ・押出機の設定温度を下げる。
  ハ 使用する樹脂を、LDPEからLLDPEへ変更する。
  ニ 減速機入力軸のプーリ直径を大きくする。

15 押出機の据付け時における押出機とモータの関係の注意点として、一般に、当てはまらないものはどれか。
  イ 2つのプーリ取付軸の平行
  ロ 2つのプーリ面の一致
  ハ 2つのプーリ軸の高さの差
  ニ ベルトの張り具合

16 リップギャップとそのランド長さの組合せのうち、ダイランド部での溶融樹脂圧力の損失が最も小さいものはどれか。
  【リップギャップ】 【ランド長さ】
  イ 1.2mm   20mm
  ロ 1.8mm   30mm
  ハ 2.4mm   40mm
  ニ 3.0mm   50mm

17 厚さむら位置を分散させるロータリ方式における、第一ピンチロール360°全連続回転装置に関する記述として、誤っているものはどれか。
  イ 巻取機及び引取機は、共にターンテーブルに乗っている。
  ロ 押出機からダイまでの溶融樹脂流路が、長くなる。
  ハ 製品の取出しに工夫を要する。
  ニ 厚さむら位置の分散方法として、有効である。

[B群(多肢択一法)]

18 インフレーションフィルムの樹脂とその性質の組合せとして、誤っているものはどれか。

	【樹脂】	【性質】
イ	HDPE	耐熱性に優れる。
ロ	LLDPE	耐ストレスクラッキング性に優れる。
ハ	LDPE	ホットタック性に優れる。
ニ	PP	耐寒性に劣る。

19 フィルムの光学特性に関する記述として、誤っているものはどれか。
　　イ　ヘイズが小さいほど、透明性が良い。
　　ロ　ヘイズは、外部ヘイズと内部ヘイズが加味されたものである。
　　ハ　グロスの値が大きいほうが、光沢は良い。
　　ニ　フィルム表面の凹凸は、グロスの値に影響しない。

20 プラスチックフィルムの特徴に関する記述として、誤っているものはどれか。
　　イ　PVDCフィルムのガスバリヤー性は、高湿度で悪化しやすい。
　　ロ　アイオノマーフィルムは、耐油性に優れる。
　　ハ　PVAフィルムは、静電気によるほこりが付きにくい。
　　ニ　PVCフィルムは、可塑剤の量により、硬質フィルムと軟質フィルムがある。

21 MFRに関する記述として、誤っているものはどれか。
　　イ　MFRが大きい樹脂は、分子量が大きい。
　　ロ　MFRは、プラスチックの溶融時における、粘度の大きさ又は流れやすさを表す。
　　ハ　PEのMFRの測定温度は、190℃である。
　　ニ　MFRの測定原理は、一定温度、一定荷重下での一定時間当たりの押出量で示す。

22 LLDPEの性質とその用途の組合せとして、誤っているものはどれか。

	【性質】	【用途】
イ	ホットタック性	自動包装
ロ	耐ストレスクラッキング性	ストレッチフィルム
ハ	耐熱性	ボイル殺菌包装
ニ	耐候性	農ポリ

23 ポリエチレンの溶融物性に関する一般的な記述として、適切でないものはどれか。

 イ 溶融弾性が大きくなると、フィルムの透明性や延展性が低下する。

 ロ 分子量が大きくなると、溶融張力は高くなる。

 ハ 溶融粘度が低い樹脂は、流動性が良い。

 ニ 樹脂の分子量分布は、流動性に影響しない。

24 文中の( )内に当てはまる語句として、適切なものはどれか。

 PPの耐熱性を生かした用途の一つとして、( )される食品包装のシーラントフィルムがある。

 イ 収縮包装

 ロ レトルト殺菌

 ハ 急速冷凍

 ニ ストレッチ包装

25 日本工業規格(JIS)における、プラスチック材料の略語とその材料名の組合せとして、誤っているものはどれか。

 【略語】 【材料名】

 イ PP   ポリプロピレン

 ロ PBT ポリブチレンテレフタレート

 ハ PC   ポリスチレン

 ニ PET ポリエチレンテレフタレート

平成 30 年度 技能検定
1 級 プラスチック成形 学科試験問題
(インフレーション成形作業)

1. 試験時間　　1 時間 40 分

2. 問題数　　　50 題(A 群 25 題、B 群 25 題)

3. 注意事項

(1)　係員の指示があるまで、この表紙はあけないでください。

(2)　答案用紙(真偽法と多肢択一法の併用)に検定職種名、作業名、級別、受検番号、氏名を必ず記入してください。

(3)　係員の指示に従って、問題数を確かめてください。それらに異常がある場合は、黙って手を挙げてください。問題は A 群(真偽法)と B 群(多肢択一法)とに分かれています。

(4)　試験開始の合図で始めてください。

(5)　解答の方法(真偽法と多肢択一法の併用)は次のとおりです。

イ．A 群の問題(真偽法)は、一つ一つの問題の内容が正しいか、誤っているかを判断して解答してください。

ロ．B 群の問題(多肢択一法)は、正解と思うものを一つだけ選んで、解答してください。二つ以上に解答した場合は誤答となります。

ハ．答案用紙(マークシート用紙)へ解答する際は、答案用紙に記載されている注意事項に従ってください。

ニ．答案用紙の解答欄は、A 群の問題と B 群の問題とでは異なります。所定の解答欄に、試験問題の題数に応じて解答してください。解答欄は A 群は 50 題まで、B 群は 25 題まで解答できるようになっています。

(6)　電子式卓上計算機その他これと同等の機能を有するものは、使用してはいけません。

(7)　携帯電話等は、使用してはいけません。

(8)　試験中、質問があるときは、黙って手を挙げてください。ただし、試験問題の内容、漢字の読み方等に関する質問にはお答えできません。

(9)　試験終了時刻前に解答ができあがった場合は、黙って手を挙げて、係員の指示に従ってください。

(10)　試験中に手洗いに立ちたいときは、黙って手を挙げて、係員の指示に従ってください。

(11)　試験終了の合図があったら、筆記用具を置き、係員の指示に従ってください。

[A群(真偽法)]

1 下記の成形法とその成形品との組合せは、いずれも正しい。
　　　　[成形法]　　　　　　　　　　　[成形品]
　　(1)　ブロー成形法　　　　　　　　飲料用ペットボトル
　　(2)　インフレーション成形法　　　ポリ袋
　　(3)　射出成形法　　　　　　　　　テレビキャビネット
　　(4)　圧縮成形法　　　　　　　　　卵パック

2 PEは、一般に、低温時における衝撃強さが、PPよりも優れる。

3 電気設備に関する技術基準において、電圧は、低圧、高圧及び特別高圧の3つに区分される。

4 抜取検査とは、製造ロット中のすべての製品(部品)について行う検査をいう。

5 労働安全衛生法関係法令によれば、2m以上の高さの箇所で作業を行う場合において墜落の危険があるときは、墜落を防止するための作業床等の設備を設けなければならない。

6 LLDPEフィルムは、121℃でレトルト殺菌処理される食品包装のシーラントフィルムとして使用されている。

7 EVOHとLLDPEを用いて、共押出成形法で成形した2層フィルムは、充分な接着強度を有している。

8 フィルムの厚みが同じであれば、幅が広くなるに従って巻取張力を強くする必要がある。

9 HDPEフィルムにたるみが生じる原因の一つに、安定板とバブルが接触している部分と接触していない部分のバブルの冷却差がある。

10 材料の切替えを行う場合、前の材料を早くパージする方法の一つに、スクリューの回転速度を速くしたり遅くしたりする方法がある。

11 スクリーンパックの網目よりも大きな未溶融樹脂は、スクリーンパックを通過して先へ流れていくことはない。

12 PEフィルムは、冷却固化時に結晶が大きくなると、透明性が良くなる。

13 LDPEフィルムの折目強さ不足を改善するには、成形温度を低くすればよい。

[A群(真偽法)]

14 一般に、銀色の蒸着フィルムは、アルミニウムを真空容器内で加熱蒸発させ、プラスチックフィルム表面に付着させたものである。

15 フレキソ印刷には、凸版タイプの樹脂版が使われている。

16 押出機シリンダの先端部にある樹脂圧力計が示す圧力は、検出位置からダイ出口までの総圧力損失を示している。

17 押出機の減速機の伝達馬力は、強度上、入力軸の回転速度が低くなると小さくなる。

18 ダイロータリユニットには、常に一定方向に回転するものと、ある角度の範囲だけを反復するものの二つのタイプがある。

19 溶融粘度の高い樹脂に使用するダイには、ダイリップギャップが狭いものが適している。

20 LLDPEは、同じ密度のLDPEと比べてESCR(耐ストレスクラッキング性)が劣る。

21 汎用プラスチックフィルムの中で、PETフィルムは、引張弾性率の高いフィルムである。

22 包装用ポリエチレンフィルムの日本工業規格(JIS)には、衝撃強さの試験方法が規定されている。

23 日本工業規格(JIS)によれば、PPフィルム及びPEフィルムの表面処理の試験方法としては、「インキはく離試験」及び「ぬれ張力試験」の2つが規定されている。

24 機械図面に示される尺度とは、図面上の寸法と実物の寸法の割合のことである。

25 容器包装リサイクル法では、消費者と市町村と事業者がそれぞれに役割分担することになっている。

[B群(多肢択一法)]

1 次に示す製品の中で、一般に、インフレーション成形法で造られていないものはどれか。
　　イ　ごみ袋
　　ロ　肥料袋
　　ハ　食パン包装袋
　　ニ　砂糖袋

2 文中の下線で示す部分のうち、誤っているものはどれか。
　　　　スクリーンパックが目詰まりを起こすと、ダイ内の圧力が<u>上がり</u>、押出樹脂量
　　　　　　　　　　　　　　　　　　　　　　　　　　　　　イ
　　が<u>減少し</u>、フロストラインが<u>下がり</u>、フィルムの厚さが<u>薄くなる</u>。
　　　　　ロ　　　　　　　　　　ハ　　　　　　　　　　　ニ

3 LDPEと比較したLLDPEの成形に関する記述として、誤っているものはどれか。
　　イ　メインモータの出力容量を大きくする。
　　ロ　バブルを急冷する。
　　ハ　ダイリップギャップを大きくする。
　　ニ　スクリュー圧縮比を大きくする。

4 インフレーション成形の再ブローに関する記述として、誤っているものはどれか。
　　イ　チューブ内面の空気接触によって、滑剤がブリードしやすくなる。
　　ロ　薄物フィルムの場合、しわの発生を抑える効果がある。
　　ハ　チューブの折り目に、新たな折り目を作ることがある。
　　ニ　チューブの開口性が良くなる。

5 LDPEフィルムのブロッキングの原因として、当てはまらないものはどれか。
　　イ　樹脂温度が高過ぎ
　　ロ　引取速度が速過ぎ
　　ハ　表面処理のかけ過ぎ
　　ニ　フロストラインが低過ぎ

6 LDPE成形において、巻取径差を生じる原因とならないものはどれか。
　　イ　バブルの冷却むら
　　ロ　第1ピンチロールの高過ぎ
　　ハ　安定板周辺の温度差
　　ニ　バブルの傾きによる偏肉

［B群(多肢択一法)］

7 折径不足の発生原因として、当てはまらないものはどれか。
イ　押出機スクリュー回転速度の低下
ロ　スクリーンパックの目詰まり
ハ　ピンホールの発生
ニ　バブル冷却温度の上昇

8 帯電したPEフィルムに関する記述として、誤っているものはどれか。
イ　コロナ放電処理効果が、大きくなりやすい。
ロ　巻きぶれを起こしやすい。
ハ　印刷ぎわに「ひげ状」の印刷汚れが発生しやすい。
ニ　自動充てん包装での顆粒の付着によるヒートシール不良を起こしやすい。

9 押出しむらを生じる原因とならないものはどれか。
イ　押出機モータの回転速度変動
ロ　押出機モータのVベルトの大きな緩み
ハ　スクリューフィード部に樹脂溶着
ニ　スクリューメタリング部外径の摩耗

10 広幅フィルム成形機のピンチロール中央部からのエアもれ対策として、誤っている
ものはどれか。
イ　ピンチロールがスリップせず、全面均一に押圧が発生する範囲で、ピンチ圧
力を低くする。
ロ　ラバーロールにクラウンを付ける。
ハ　ピンチロール押圧を極力高くする。
ニ　ラバーロールのラバー厚さを厚くする。

11 通常型押出機と比較した強制フィード型押出機の特徴として、適切でないものはど
れか。
イ　適用できる樹脂の範囲が広い。
ロ　押出溶融樹脂温度を低くできる。
ハ　単位押出量当たりの消費電力が少ない。
ニ　スクリュー1回転当たりの押出量が多い。

12 押出機先端の溶融樹脂圧力が高くなるものはどれか。
イ　0.8mmのダイリップギャップを1.5mmに変更する。
ロ　ダイランド長さを30mmから15mmに変更する。
ハ　3.0mmのダイリップギャップを1.5mmに変更する。
ニ　ダイの設定温度を190°Cから210°Cに変更する。

13 文中の下線で示す部分のうち、誤っているものはどれか。
　　　熱電対に使用される補償導線に流れる電流は、その値が非常に小さいため、
　　　　　　　　　　　　　　　　　　　　　　　　　　　　　　　イ
　　導線には、抵抗値が小さく、温度変化による抵抗値の変化が少なく、強度的
　　　　　　　　ロ　　　　　　　　　　　ハ
　　に許される限り細いものが使用される。
　　　　　　ニ

14 50mmの押出機のシリンダ先端部にある樹脂圧力計が24.5MPa(250kg/cm²)を示した
　　スラストベアリングが受ける負荷として、最も近いものはどれか。
　　　イ　48kN (4900kg)
　　　ロ　96kN (9800kg)
　　　ハ　192kN (19600kg)
　　　ニ　48118kN (4910000kg)

15 サーフェスワインダーが適さない製品はどれか。
　　　イ　農業用マルチフィルム
　　　ロ　ドライラミネート用フィルム
　　　ハ　重包装袋用原反
　　　ニ　HMHDPEゴミ袋用原反

16 文中の下線で示す部分のうち、誤っているものはどれか。
　　　押出機の減速機の入力軸及び出力軸にはオイルもれ防止のため、オイルシール
　　　　　　　　　　　　　　　　　　　　　　　　　　　　　　　　　　イ
　　が使われており、減速機内にはエアーブリーザーが取り付けられている。また、
　　　　　　　　　　　　　　　　ロ
　　オイルは機械運転時にほぼレベルゲージのレベルラインに達するまで注入し、定
　　　　　　　　　　　　　　　　　　　　　　ハ
　　期的に、ろ過、または交換しなければいけない。
　　　　　　ニ

17 文中の下線で示す部分のうち、誤っているものはどれか。
　　　一般に、LLDPEは、溶融張力が小さいのでフィルム成形時にバブルが不安定
　　　　　　　　　　　　　　イ　　　　　　　　　　　　　　　　　　ロ
　　になりやすいため、ブロー比が1.5以下のバブルを安定させることを目的として、
　　　　　　　　　　　　ハ　　　　　　　　ニ
　　多段吹出口のエアーリングが多く使用される。

[B群(多肢択一法)]

18 プラスチックフィルムとその性質の組合せとして、適切でないものはどれか。

   [プラスチックフィルム] [性質]

  イ EVAフィルム   耐寒性が良い。

  ロ PAフィルム   突き刺し強度が優れる。

  ハ PSフィルム   柔軟性が良い。

  ニ PETフィルム   耐熱性が良い。

19 フィルム用材料に関する記述として、正しいものはどれか。

  イ LDPEの弾性率は、密度が低いほうが高い。

  ロ ホットタック性を必要とする分野には、LLDPEは適さない。

  ハ 衝撃強度を重視する重包装袋用には、分子量の小さい樹脂が適する。

  ニ 密度が同じときは、LLDPEのほうがLDPEよりも融点は高い。

20 各種補助材料とその効果の組合せとして、誤っているものはどれか。

  [各種補助材料]   [効果]

  イ 紫外線吸収剤   光による劣化を防止する。

  ロ アンチブロッキング剤 フィルムの開口性を良くする。

  ハ 滑剤   柔軟性を付与する。

  ニ 防曇剤   フィルムが露滴により曇るのを防止する。

21 フィルムの光学特性に関する記述として、誤っているものはどれか。

  イ LLDPEを徐冷するとヘイズの値が大きくなる。

  ロ インフレーション法では、水冷法のほうが空冷法よりも透明性がよい。

  ハ LDPEのヘイズの値は、表面の凹凸が大きく関係している。

  ニ HDPEが不透明なのは、球晶が成長せず小さいことに起因している。

22 プラスチックフィルムの性質を高い順に並べたものとして、誤っているものはどれか。

  [性質]   [高い順]

  イ 融点   PA＞CPP＞HDPE＞LDPE

  ロ 防湿性   OPP＞HDPE＞LDPE＞PA

  ハ 酸素バリア性 LDPE＞HDPE＞OPP＞PET

  ニ 引張弾性率 PET＞CPP＞HDPE＞LDPE

23 ポリエチレンの溶融物性に関する記述として、誤っているものはどれか。

  イ 溶融弾性が大きくなると、フィルムの透明性が低下する。

  ロ 溶融張力が大きくなると、フィルム成形時の延展性が低下する。

  ハ 分子量が大きくなると、伸長粘度が大きくなる。

  ニ 樹脂の分子量分布は、流動性に影響を与えない。

24 PEフィルムの密度が高くなったときのフィルムの性質に関する記述として、誤っているものはどれか。

    イ　降伏点応力が、大きくなる。

    ロ　軟化温度が、高くなる。

    ハ　気体透過度が、大きくなる。

    ニ　透湿度が、小さくなる。

25 日本工業規格(JIS)による投影法の「第三角法」において、下図の正面図をA図とした場合、それに対する底面図として、正しいものはどれか。

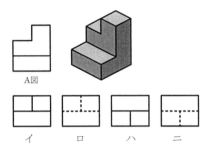

平成 29 年度 技能検定
1級 プラスチック成形 学科試験問題
(インフレーション成形作業)

1. 試験時間　　1 時間 40 分
2. 問題数　　　50 題(A 群 25 題、B 群 25 題)
3. 注意事項
   (1)　　係員の指示があるまで、この表紙はあけないでください。
   (2)　　答案用紙(真偽法と多肢択一法の併用)に検定職種名、作業名、級別、受検番号、氏名を必ず記入してください。
   (3)　　係員の指示に従って、問題数を確かめてください。それらに異常がある場合は、黙って手を挙げてください。問題は A 群(真偽法)と B 群(多肢択一法)とに分かれています。
   (4)　　試験開始の合図で始めてください。
   (5)　　解答の方法(真偽法と多肢択一法の併用)は次のとおりです。
   　　イ．A 群の問題(真偽法)は、一つ一つの問題の内容が正しいか、誤っているかを判断して解答してください。
   　　ロ．B 群の問題(多肢択一法)は、正解と思うものを一つだけ選んで、解答してください。二つ以上に解答した場合は誤答となります。
   　　ハ．答案用紙(マークシート用紙)へ解答する際は、答案用紙に記載されている注意事項に従ってください。
   　　ニ．答案用紙の解答欄は、A 群の問題と B 群の問題とでは異なります。所定の解答欄に、試験問題の題数に応じて解答してください。解答欄は A 群は 50 題まで、B 群は 25 題まで解答できるようになっています。
   (6)　　電子式卓上計算機その他これと同等の機能を有するものは、使用してはいけません。
   (7)　　携帯電話等は、使用してはいけません。
   (8)　　試験中、質問があるときは、黙って手を挙げてください。ただし、試験問題の内容、漢字の読み方等に関する質問にはお答えできません。
   (9)　　試験終了時刻前に解答ができあがった場合は、黙って手を挙げて、係員の指示に従ってください。
   (10)　　試験中に手洗いに立ちたいときは、黙って手を挙げて、係員の指示に従ってください。
   (11)　　試験終了の合図があったら、筆記用具を置き、係員の指示に従ってください。

[A群(真偽法)]

1 次の成形法と関係の深い用語の組合せは、いずれも正しい。
     [成形法]   [用語]
   (1) カレンダー成形   金型
   (2) ブロー成形   パリソン
   (3) 真空成形   厚さ分布
   (4) インフレーション成形 サーキュラーダイ

2 PA12の吸湿性は、PA6よりも大きい。

3 オームの法則によると、電圧が一定ならば、電流は電気抵抗の大きいものほど多く
流れる。

4 特性要因図とは、ある特性と原因(要因)との関係を体系化して図に示したものである。

5 労働安全衛生法関係法令によれば、機械と機械との間又は機械と他の設備との間に
設ける通路は、幅80cm以上としなければならない。

6 IPPフィルムの成形では、水冷リングを用いてバブルを冷却するため、エアーリン
グは使用しない。

7 熱可塑性樹脂であれば、樹脂の組合せは、自由に選択して共押出成形が可能である。

8 フラットフィルムの製品質量は、次の式で計算される。
   製品質量=厚さ×幅×長さ

9 コロナ放電による表面処理度は、フィルムの単位面積当たりの放電電力によって変
化する。

10 MFRが小さいLDPEフィルムの透明性が悪い原因は、主にフィルム表面の平滑性が
悪いためである。

11 チューブ状のフィルムの口開きをよくするには、アンチブロッキング剤と滑剤を併
用するとよい。

12 フィルムの縦方向に厚さのむらを生じる原因の一つには、スクリュー先端部の樹脂
圧力の変動があげられる。

13 吸湿したアイオノマーを成形すると、フィルム表面が肌あれを起こすことがある。

[A群(真偽法)]

14 蒸着フィルムの製造は、高真空容器内で行われる。

15 フィルムを表面処理することによって、インキの接着性は向上する。

16 HMHDPEフィルムをチューブ状で巻き取る場合は、湾曲型エキスパンダーロール
よりも、フラット型エキスパンダーロールの方が適している。

17 押出機のスラストベアリングへの給油方式には、飛沫給油方式と強制給油方式とが
ある。

18 半強制フィードタイプ押出機のスクリューは、一般に、通常型押出機のスクリュー
と比べると、供給部の溝深さは深く、圧縮比は大きくなっている。

19 熱電対は、2種の金属の接点が加熱されることにより生じる熱起電力を利用した温
度センサである。

20 LLDPEフィルムは、LDPEフィルムよりも突き刺し強度に優れている。

21 HDPEフィルムの引張弾性率は、LDPEフィルムよりも大きい。

22 日本工業規格(JIS)において、農業用ポリエチレンフィルムは、インフレーション法
により製造されるものだけが規定されている。

23 日本工業規格(JIS)において、包装用ポリエチレンフィルムには透湿度の試験方法が
規定されている。

24 下図の見取図に示す物体を、Aの方向から第三角法で描くと、図Aとなる。

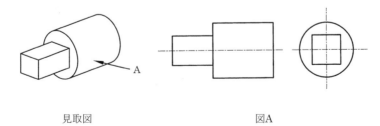

見取図　　　　　　　　　　　図A

25 食品に直接接触するプラスチックの容器及び包装材料は、食品衛生法関係法令によ
って規制されている。

[B群(多肢択一法)]

1 インフレーション成形法よりもTダイ成形法が優れている点として、正しいものはどれか。
　　イ　縦横の強度バランス
　　ロ　高分子量樹脂の使用
　　ハ　透明性の優れたフィルムの成形
　　ニ　低温成形

2 巻取機でフィルムを巻き取るときの張力調整に関する記述として、適切なものはどれか。
　　イ　同じ厚さで幅を広くした場合は、張力を弱くする。
　　ロ　同じ厚さでブロー比を小さくした場合は、張力を弱くする。
　　ハ　同じ幅で厚さを厚くした場合は、張力を弱くする。
　　ニ　同じサイズで引取速度を速くした場合は、張力を弱くする。

3 ブロー比を変えた場合の成形条件として、一般に、調整をしないものはどれか。
　　イ　フロストラインの高さ
　　ロ　引取速度
　　ハ　バブル冷却エア量
　　ニ　成形樹脂温度

4 LDPEと比較したLLDPEの成形に関する記述として、誤っているものはどれか。
　　イ　メインモータの出力容量を大きくする。
　　ロ　スクリューメタリング部の溝を浅くする。
　　ハ　ダイリップギャップを広くする。
　　ニ　バブルを急冷する。

5 巻取り中のフィルムが巻きぶれを生じる原因とならないものはどれか。
　　イ　フィルム偏肉の片寄り
　　ロ　バブルの蛇行
　　ハ　巻取り張力の強すぎ
　　ニ　フィルムの帯電

6 次の記述中の下線部のうち、誤っているものはどれか。
　　　スクリーンパックが目詰まりを起こすと、スクリーンパック後の圧力が上が
　　　　　　　　　　　　　　　　　　　　　　　　　　　　イ
り、押出樹脂量が減少し、フロストラインが下がり、フィルムの厚さが薄くな
　　　　ロ　　　　　　　　　　　　ハ　　　　　　　　　ニ
る。

[B群(多肢択一法)]

7 フィルムにフィッシュアイが発生する原因として、当てはまらないものはどれか。
 イ　ダイリップギャップが広い。
 ロ　MFRの小さい樹脂が混入している。
 ハ　溶融樹脂の流路に一部の樹脂が滞留している。
 ニ　ダイ内が汚れている。

8 LDPEフィルムにおける折目強度不足の原因に該当しないものはどれか。
 イ　ピンチラバーロール硬度の低過ぎ
 ロ　成形温度の低過ぎ
 ハ　ブロー比が小さく、引取速度の速過ぎ
 ニ　ピンチラバーロールの押圧力の強過ぎ

9 フィルム成形中、しわの発生原因にならないものはどれか。
 イ　バブル冷却エアー量の変動。
 ロ　バブル振れ止め位置不良。
 ハ　高ブロー比で引取り速度が遅い。
 ニ　ガイドロールの回転不良。

10 厚さむら位置を分散させるロータリ方式における、第一ピンチロール360°全連続回転装置に関する記述として、誤っているものはどれか。
 イ　巻取機及び引取機は、共にターンテーブルに乗っている。
 ロ　押出機からダイまでの溶融樹脂流路が、長くなる。
 ハ　製品の取出しに工夫を要する。
 ニ　厚さむら位置の分散方法として、最も有効である。

11 次の記述中の下線部のうち、誤っているものはどれか。
  計量部の溝深さが深めのスクリューに交換すると、1回転当たりの押出量は
 <u>多くなる</u>が、回転速度を上昇させていくと、1回転当たりの押出量が<u>少なくな</u>
  イ　　　　　　　　　　　　　　　　　　　　　　　　　　　　　　　ロ
 <u>る</u>。また、スクリュー交換前と比較して計量部での樹脂温度は<u>高くなる</u>が、
 　　　　　　　　　　　　　　　　　　　　　　　　　　　　　　　ハ
 混練状態は<u>悪くなる</u>。
 　　　　　　ニ

12 押出機の据付け時における押出機とモータの関係の注意点として、一般に、当てはまらないものはどれか。
 イ　2つのプーリ取付軸の平行
 ロ　2つのプーリの面の一致
 ハ　2つのプーリ軸の高さの差
 ニ　ベルトの張り具合

13 LLDPEの成形に使用するエアリングとして、ダブルスリットエアリングが効果的なブロー比の範囲はどれか。
 イ 0.8以上～1.0未満
 ロ 1.0以上～1.3未満
 ハ 1.3以上～2.0未満
 ニ 2.0以上～3.0未満

14 長尺巻サーフェスワインダに関する記述として、誤っているものはどれか。
 イ 駆動モータの変速範囲は、引取機のモータの数倍必要とされる。
 ロ 製品質量は主に、紙管軸が受けている。
 ハ 巻取ロールは、駆動ロールとの摩擦により駆動している。
 ニ 伸びやすいフィルムの巻取りには適していない。

15 面長の大きい第1ピンチラバーロールにクラウンを付ける目的として、正しいものはどれか。
 イ ロール全幅に均一な線圧力が発生するようにする。
 ロ ラバーロールのたわみを少なくする。
 ハ スチールロールのたわみを少なくする。
 ニ ラバーロールの摩耗を少なくする。

16 押出機スクリューの計量部における溶融樹脂の流れとして、当てはまらないものはどれか。
 イ 推進流
 ロ 回転流
 ハ 背圧流
 ニ 漏曳流

17 押出機のモータがオーバーロードになった場合の対策として、誤っているものはどれか。
 イ 減速機側プーリーの直径を大きくする。
 ロ 設定温度を高くする。
 ハ モータ側プーリーの直径を大きくする。
 ニ スクリュー回転速度を下げる。

18 LLDPEに関する記述として、誤っているものはどれか。
 イ 同じ密度のLDPEに比べて、結晶化速度が速い。
 ロ 同じMFRのLDPEに比べて、溶融時の応力緩和時間が短い。
 ハ 同じMFRのLDPEに比べて、押出圧力が低い。
 ニ 同じMFR、同じ密度のLDPEに比べて、ESCRが優れている。

[B群(多肢択一法)]

19　HDPEに関する記述として、誤っているものはどれか。
　　イ　分子構造的には、枝分かれがほとんどない直鎖状高分子である。
　　ロ　融点は、125℃以上である。
　　ハ　フィルムの滑り性が良いのは、滑剤が添加されているためである。
　　ニ　極薄強化フィルムには、HMHDPEが使用されている。

20　次の記述中の(　　)内に当てはまる語句として、適切なものはどれか。
　　　OPSフィルムがレタスなどの生鮮野菜の包装に適しているのは、透明性、
　　(　　)に優れているからである。
　　イ　ヒートシール性
　　ロ　ガス透過性
　　ハ　防湿性
　　ニ　耐熱性

21　フィルムの光学特性に関する記述として、誤っているものはどれか。
　　イ　透明性は、ヘイズの値が小さい方がよい。
　　ロ　光沢性は、グロスの値が小さい方がよい。
　　ハ　透明性は、表面の粗さに左右される。
　　ニ　クラリティーは、フィルムを通してものを見たとき、像の鮮明度を示す指数
　　　　である。

22　プラスチックの性質の説明として、誤っているものはどれか。
　　イ　ホットタック性・・・シール時の熱間はく離強さ
　　ロ　衝撃強さ・・・・・・変形速度が極めて大きい動的強さ
　　ハ　ガスバリヤー性・・・気体をよく透過する性質
　　ニ　耐スクラッチ性・・・フィルム表面の傷つきにくさ

23　MFRに関する記述として、誤っているものはどれか。
　　イ　MFRの大きい樹脂は、分子量が大きい。
　　ロ　MFRは、プラスチックの溶融時の粘度の大きさを示す指数である。
　　ハ　PEのMFRの測定温度は、190℃である。
　　ニ　MFRは、一定温度、一定荷重下での一定時間当たりの押出量で示す。

24　ポリエチレンの融点に関する記述として、誤っているものはどれか。
　　イ　融点が高くなると、耐熱性は向上する。
　　ロ　密度が低くなると、融点は低下する。
　　ハ　融点が高くなると、低温ヒートシール性は悪くなる。
　　ニ　結晶化度が高くなると、融点が低くなる。

25 日本工業規格(JIS)によれば、半径15mmの円弧を表す寸法の記入方法として、正しいものはどれか。

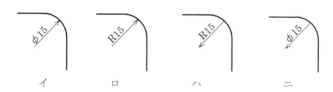

イ   ロ   ハ   ニ

プラスチック成形

正解表

平成31年度　2級　学科試験正解表
プラスチック成形（射出成形作業）

真偽法

番号	1	2	3	4	5
正解	O	O	X	X	O

番号	6	7	8	9	10
正解	O	X	O	O	O

番号	11	12	13	14	15
正解	X	X	X	O	O

番号	16	17	18	19	20
正解	O	O	O	O	O

番号	21	22	23	24	25
正解	X	X	O	O	O

択一法

番号	1	2	3	4	5
正解	ニ	ロ	イ	ロ	ニ

番号	6	7	8	9	10
正解	イ	イ	ハ	イ	ニ

番号	11	12	13	14	15
正解	ハ	ハ	ニ	ニ	ニ

番号	16	17	18	19	20
正解	ニ	ニ	ニ	ニ	ロ

番号	21	22	23	24	25
正解	イ	ハ	ロ	ロ	ロ

平成30年度　2級　学科試験正解表
プラスチック成形（射出成形作業）

真偽法

番号	1	2	3	4	5
解答	O	O	X	X	X

番号	6	7	8	9	10
解答	O	O	X	O	X

番号	11	12	13	14	15
解答	X	X	O	O	O

番号	16	17	18	19	20
解答	X	O	O	X	X

番号	21	22	23	24	25
解答	X	O	O	X	O

択一法

番号	1	2	3	4	5
解答	ハ	ハ	ハ	ハ	ロ

番号	6	7	8	9	10
解答	イ	イ	ニ	イ	ロ

番号	11	12	13	14	15
解答	ロ	イ	ニ	イ	ニ

番号	16	17	18	19	20
解答	イ	ロ	ハ	ニ	ハ

番号	21	22	23	24	25
解答	ニ	ハ	ハ	ロ	ロ

平成29年度　2級　学科試験正解表
プラスチック成形（射出成形作業）

真偽法

番号	1	2	3	4	5
解答	○	X	X	X	○

番号	6	7	8	9	10
解答	○	○	○	X	○

番号	11	12	13	14	15
解答	○	○	X	X	○

番号	16	17	18	19	20
解答	X	○	○	X	○

番号	21	22	23	24	25
解答	○	X	○	X	X

択一法

番号	1	2	3	4	5
解答	ニ	イ	イ	ニ	ロ

番号	6	7	8	9	10
解答	イ	イ	ニ	イ	ロ

番号	11	12	13	14	15
解答	ハ	ハ	ハ	ニ	イ

番号	16	17	18	19	20
解答	ハ	ニ	ニ	ニ	ニ

番号	21	22	23	24	25
解答	ロ	ロ	ロ	ロ	イ

平成31年度　1級　学科試験正解表
プラスチック成形（射出成形作業）

真偽法

番号	1	2	3	4	5
正解	○	X	X	X	X

番号	6	7	8	9	10
正解	○	○	X	X	○

番号	11	12	13	14	15
正解	X	○	X	X	○

番号	16	17	18	19	20
正解	○	X	○	○	X

番号	21	22	23	24	25
正解	X	○	X	○	○

択一法

番号	1	2	3	4	5
正解	ロ	ニ	イ	ニ	ニ

番号	6	7	8	9	10
正解	ハ	イ	ロ	イ	ハ

番号	11	12	13	14	15
正解	ロ	イ	ハ	ハ	ニ

番号	16	17	18	19	20
正解	ロ	ロ	ハ	ニ	ニ

番号	21	22	23	24	25
正解	イ	ロ	ハ	ニ	ニ

平成30年度　1級　学科試験正解表
プラスチック成形（射出成形作業）

真偽法

番号	1	2	3	4	5
解答	X	○	○	X	○

番号	6	7	8	9	10
解答	○	X	○	○	○

番号	11	12	13	14	15
解答	○	○	○	X	○

番号	16	17	18	19	20
解答	○	○	○	X	○

番号	21	22	23	24	25
解答	○	○	X	X	X

択一法

番号	1	2	3	4	5
解答	ハ	ロ	イ	ハ	ハ

番号	6	7	8	9	10
解答	イ	ニ	ハ	ハ	ニ

番号	11	12	13	14	15
解答	ロ	イ	ニ	ロ	ロ

番号	16	17	18	19	20
解答	イ	ロ	ハ	ニ	ロ

番号	21	22	23	24	25
解答	ロ	ロ	イ	ロ	ニ

平成29年度　1級　学科試験正解表
プラスチック成形（射出成形作業）

真偽法

番号	1	2	3	4	5
解答	X	X	X	○	○

番号	6	7	8	9	10
解答	○	X	X	○	○

番号	11	12	13	14	15
解答	○	○	○	X	○

番号	16	17	18	19	20
解答	○	○	○	○	X

番号	21	22	23	24	25
解答	○	○	○	X	X

択一法

番号	1	2	3	4	5
解答	ハ	ニ	ロ	ハ	イ

番号	6	7	8	9	10
解答	イ	ロ	ニ	ハ	ロ

番号	11	12	13	14	15
解答	ロ	イ	ロ	ロ	ニ

番号	16	17	18	19	20
解答	ロ	ハ	イ	イ	ニ

番号	21	22	23	24	25
解答	イ	イ	ロ	ニ	ハ

平成31年度　2級　学科試験正解表
プラスチック成形（インフレーション成形作業）

真偽法

番号	1	2	3	4	5
正解	○	○	×	×	○

番号	6	7	8	9	10
正解	×	×	○	○	○

番号	11	12	13	14	15
正解	○	○	○	○	×

番号	16	17	18	19	20
正解	×	×	○	×	○

番号	21	22	23	24	25
正解	×	○	×	×	○

択一法

番号	1	2	3	4	5
正解	ハ	ニ	イ	ハ	イ

番号	6	7	8	9	10
正解	ロ	ロ	イ	ロ	イ

番号	11	12	13	14	15
正解	ハ	イ	ハ	イ	ニ

番号	16	17	18	19	20
正解	イ	イ	ハ	ロ	イ

番号	21	22	23	24	25
正解	ハ	ロ	ニ	ロ	ハ

平成30年度　2級　学科試験正解表
プラスチック成形（インフレーション成形作業）

真偽法

番号	1	2	3	4	5
解答	○	○	×	×	×

番号	6	7	8	9	10
解答	○	○	×	×	○

番号	11	12	13	14	15
解答	○	○	×	×	○

番号	16	17	18	19	20
解答	○	○	×	○	×

番号	21	22	23	24	25
解答	×	×	○	×	○

択一法

番号	1	2	3	4	5
解答	ハ	ロ	ハ	ロ	ロ

番号	6	7	8	9	10
解答	ロ	イ	ロ	イ	ロ

番号	11	12	13	14	15
解答	イ	ハ	ロ	ニ	ロ

番号	16	17	18	19	20
解答	ハ	イ	ロ	ニ	イ

番号	21	22	23	24	25
解答	イ	イ	ハ	ハ	イ

平成29年度　2級　学科試験正解表
プラスチック成形（インフレーション成形作業）

真偽法

番号	1	2	3	4	5
解答	○	×	×	×	○

番号	6	7	8	9	10
解答	○	○	×	○	×

番号	11	12	13	14	15
解答	×	×	×	×	×

番号	16	17	18	19	20
解答	×	×	○	×	○

番号	21	22	23	24	25
解答	×	○	○	×	○

択一法

番号	1	2	3	4	5
解答	イ	ハ	イ	ロ	ニ

番号	6	7	8	9	10
解答	ロ	ニ	ロ	ロ	ハ

番号	11	12	13	14	15
解答	ロ	ロ	ニ	イ	ロ

番号	16	17	18	19	20
解答	ロ	イ	ロ	ニ	ロ

番号	21	22	23	24	25
解答	ロ	ハ	ニ	ロ	ハ

平成31年度 1級 学科試験正解表
プラスチック成形（インフレーション成形作業）

真偽法

番号	1	2	3	4	5
正解	○	X	X	X	X

番号	6	7	8	9	10
正解	X	X	X	○	X

番号	11	12	13	14	15
正解	○	○	○	○	○

番号	16	17	18	19	20
正解	X	○	○	○	X

番号	21	22	23	24	25
正解	○	○	○	X	○

択一法

番号	1	2	3	4	5
正解	ニ	ロ	イ	ニ	イ

番号	6	7	8	9	10
正解	ハ	ロ	ニ	ロ	ニ

番号	11	12	13	14	15
正解	ロ	イ	ニ	ニ	ハ

番号	16	17	18	19	20
正解	ニ	ロ	ハ	ニ	イ

番号	21	22	23	24	25
正解	イ	ロ	ニ	ロ	ハ

平成30年度 1級 学科試験正解表
プラスチック成形（インフレーション成形作業）

真偽法

番号	1	2	3	4	5
解答	X	○	○	X	○

番号	6	7	8	9	10
解答	X	X	○	○	○

番号	11	12	13	14	15
解答	X	X	X	○	○

番号	16	17	18	19	20
解答	○	○	○	X	X

番号	21	22	23	24	25
解答	○	○	X	○	○

択一法

番号	1	2	3	4	5
解答	ハ	イ	ニ	ロ	ニ

番号	6	7	8	9	10
解答	ロ	ニ	イ	ニ	ハ

番号	11	12	13	14	15
解答	イ	ハ	ニ	イ	ロ

番号	16	17	18	19	20
解答	ハ	ハ	ハ	ニ	ハ

番号	21	22	23	24	25
解答	ニ	ハ	ニ	ハ	ニ

平成29年度　1級　学科試験正解表
プラスチック成形（インフレーション成形作業）

真偽法

番号	1	2	3	4	5
解答	X	X	X	○	○

番号	6	7	8	9	10
解答	X	X	X	○	○

番号	11	12	13	14	15
解答	○	○	○	○	○

番号	16	17	18	19	20
解答	X	○	X	○	○

番号	21	22	23	24	25
解答	○	X	X	X	○

択一法

番号	1	2	3	4	5
解答	ハ	ロ	ニ	ロ	ハ

番号	6	7	8	9	10
解答	イ	イ	イ	ニ	ロ

番号	11	12	13	14	15
解答	ハ	ハ	ニ	イ	イ

番号	16	17	18	19	20
解答	ロ	ハ	ハ	ハ	ロ

番号	21	22	23	24	25
解答	ロ	ハ	イ	ニ	ロ

> ・本書掲載の試験問題及び解答の内容につい
> てのお問い合わせ等には、一切応じられま
> せんのでご了承ください。
> ・試験問題について、都合により一部、編集
> しているものがあります。

平成 29・30・31 年度

1・2級 技能検定　試験問題集　62　プラスチック成形

令和 2 年 6 月　初版発行

監　修　中央職業能力開発協会

発　行　一般社団法人 雇用問題研究会

〒103-0002　東京都中央区日本橋馬喰町 1-14-5 日本橋Ｋビル 2 階
TEL　03-5651-7071（代）　FAX　03-5651-7077
URL　http://www.koyoerc.or.jp

印　刷　株式会社ワイズ

223062

ISBN978-4-87563-661-8 C3000